AF451062

BIG DATA

VÍCTOR BERÁSTEGUI

PILAR GARCÍA

www.bigdata.guiaburros.es

EDITATUM

Si después de leer este libro, lo ha considerado como útil e interesante, le agradeceríamos que hiciera sobre él una **reseña honesta en cualquier plataforma de opinión** y nos enviara un e-mail a **opiniones@guiaburros.es** para poder, desde la editorial, enviarle **como regalo otro libro de nuestra colección.**

Agradecimientos

Quiero agradecer a Víctor Berástegui la oportunidad que me ofreció de participar con él en la elaboración de este libro y el aprendizaje que ha supuesto en el intercambio de ideas que durante su realización hemos efectuado. A José Hermida por su tiempo y sus palabras en la presentación del libro. A Nico mi compañero fiel también durante todas las horas dedicadas y mi agradecimiento a mis padres siempre.

Pilar García

Quiero agradecer a mi hijo, Fabián, lo mucho que me ha enseñado.

Víctor Berástegui

Sobre los autores

Víctor Berástegui nació en Las Palmas de Gran Canaria en el año 1955. Es jurista especializado en derecho administrativo y su vida profesional la ha desarrollado en Madrid; es letrado, profesor de español como lengua extranjera, un estudioso y experto en historia y filosofía de las religiones y actualmente es delegado de protección de datos en la administración pública. Es coautor del libro *GuíaBurros: Masonería*.

Pilar García es licenciada en Derecho con formación complementaria en derecho informático, privacidad y seguridad de la información. Su trayectoria profesional se ha desarrollado en el ámbito de la protección de datos y la privacidad y la seguridad de la información como consultora y auditora en proyectos para la Administración, así como en diversos sectores de la empresa privada.

Índice

Presentación

Es innegable el gran avance que está sufriendo la tecnología en los últimos años. Nos encontramos en la tercera Revolución Industrial, en pleno auge de términos nuevos como *big data* y otros no tan nuevos, como inteligencia artificial. Es indiscutible que, para personas cercanas al mundo tecnológico, estos términos están presentes y son comprendidos viendo su potencial sin dejarse llevar por las historias que se aprecian en las películas de ciencia ficción. Sin embargo, la inmensa mayoría de la población no es consciente que estas palabras mágicas conllevan una serie de cesiones *de facto*. Es simple y sencillo dejarse deleitar por los adelantos técnicos, las comodidades y las posibilidades que nos ofrecen como individuos haciendo que nos olvidemos de las consecuencias que conlleva su uso guiado por los artífices dueños de dichos adelantos.

Todo esto es una ventana a nuestra vida que fácilmente dejamos abierta por excusas como "lo hacemos todos" o "es necesario si quiero este servicio". Las consecuencias implícitas suponen que nuestra vida se pueda catalogar y clasificar fácilmente para ofrecernos lo que necesitamos (o deberíamos necesitar) y proporcionarnos esa individualidad que tanto nos caracteriza, abrazados por el grupo al que tanto deseamos pertenecer.

En este libro Víctor y Pilar consiguen describir de forma simple y alcanzable por cualquiera los términos de esta nueva era ofreciendo, además, una invitación hacia una reflexión moral y ética de las necesidades de una y las consecuencias de la segunda, una invitación dejada en manos del lector para aceptar, rechazar o, al menos, ser conscientes de todo lo que está ofreciendo a cambio: en términos un poco técnicos, los parámetros de la función de su propia vida.

Accesorios o *gadgets* simples que miden nuestra actividad, cuánto consumimos, cuánto generamos, nos muestran qué es mejor para nuestro organismo o para nuestro estado de ánimo, neveras que compran solas, televisores listos para darte los buenos días… Todo automatizado, sin un humano por el medio que medie o ratifique los datos: todo son algoritmos que llevan nuestra vida.

José Hermida Prado
Experto en Ciberseguridad
Red Team Lead Telefónica España

Introducción

El propósito de este libro es divulgativo. Los autores queremos trasladar al lector la influencia que tiene la recopilación, almacenamiento, tratamiento y uso de ingentes cantidades de datos en nuestras vidas cotidianas y cómo nos afectarán en un futuro cercano los cambios tecnológicos y los avances científicos. No pretendemos tocar todos los aspectos y consecuencias, muchas todavía impredecibles, que tienen las transformaciones tecnológicas que estamos viviendo en esta época. Esto haría la exposición más compleja y nos aleja del objetivo de transmitir nuestras preocupaciones y reflexiones. La intención clara del libro es mover conciencias, despertar responsabilidades e informar a ciudadanos exigentes y reivindicativos los retos del mundo nuevo que empezamos a vislumbrar. Las expectativas y los resultados conseguidos por el avance de las nuevas tecnologías y las investigaciones científicas son una gran esperanza... pero a veces no tanto. Mucho dependerá de nuestra actitud.

Los autores tenemos formación jurídica. Las normas deben ser cumplidas, pero hemos querido alejarnos de una mera exposición normativa, pues estamos convencidos de que el tema supera los ámbitos legales. El día a día de nuestro trabajo cotidiano, en el ámbito de la protección de datos y seguridad de la información, nos incita a esperanzas y preocupaciones; este libro las recoge. El nuevo panorama tecnológico necesita una reflexión que tenga muy presente el bien común y la dignidad de las personas. Nuestro deseo es que el libro sea útil y contribuya a entender el momento tan emocionante que estamos viviendo.

Es de justicia reconocer el importante papel que la Unión Europea, tanto el Parlamento como la Comisión, están teniendo en la promoción de un modelo de progreso tecnológico que sea referente a nivel mundial por recoger la tradición y valores de respeto a los derechos y libertades.

Dedicamos capítulos independientes al *big data*, inteligencia artificial e internet de las cosas. Son aspectos diferentes que en muchas ocasiones se aplican conjuntamente, estando todas ellas implicadas en la gestión del dato. Esto se refleja en la lectura del libro y en los diferentes ejemplos que se recogen en cada capítulo.

Simbólicamente, en el *Génesis*, el ser humano adquiere su autonomía por un acto de desobediencia y de asunción de responsabilidad. Nos gustan los valores de la divisa Libertad, Igualdad y Fraternidad; que los avances tecnológicos ayuden a combatir lo que no nos gusta: la pobreza, los prejuicios, la enfermedad, la discriminación, los abusos, la tiranía. Hemos querido hacer un libro de sólidas convicciones en momentos de pensamiento líquido.

Al ser un libro divulgativo se ha evitado al máximo las citas a pie de página, para facilitar la lectura. Queremos expresar nuestra deuda a los autores que figuran en la bibliografía incluida al final del libro, sin sus aportaciones el resultado habría sido distinto.

Llegados aquí nos viene a la memoria el poema de Bertol Brecht:

General, tu tanque es más fuerte que un coche.
Arrasa un bosque y aplasta a cien hombres.
Pero tiene un defecto:
necesita un conductor.
General, tu bombardero es poderoso.
Vuela más rápido que la tormenta y carga más que un elefante.
Pero tiene un defecto:
necesita un piloto.
General, el hombre es muy útil.
Puede volar y puede matar.
Pero tiene un
defecto:
puede pensar.

Los Autores

Capítulo 1

¿Qué es eso del *big data*?

Podemos definir el *big data* como la combinación de una gran cantidad de información obtenida de diversas fuentes susceptible de ser comparada. Es el tratamiento de un gran número de datos relacionados lo que posibilita tomar decisiones basadas en la información obtenida. La finalidad es efectuar análisis predictivos de comportamiento, o estadísticas, basados en el tratamiento de ese gran volumen de datos. Inicialmente no se pretende la adopción automatizada de una decisión, sino obtener un estudio certero de una situación concreta. El *big data* no adopta una resolución final, lo que hace es suministrar información de acuerdo con los parámetros definidos previamente y facilitar las decisiones. En último término interviene el factor humano.

El avance del *big data* se basa, por una parte, en la innovación continua de la tecnología para recopilar y almacenar gran número de datos; y por otra, en la capacidad de analizar, comprender y utilizar de manera beneficiosa para las organizaciones el valor de esos datos.

En la aplicación del *big data* se pueden diferenciar dos fases:

1º Fase.- Análisis de los datos

Se efectúa una observación del conjunto de datos existente. Mediante la comparación de los datos y cruces de información, se logran patrones e inferencias. La obtención de estos patrones e inferencias se consiguen con la ayuda de algoritmos. La finalidad es extraer patrones en base a unas circunstancias determinadas.

¿Qué es un algoritmo?

La Real Academia de la Lengua Española define el algoritmo como... *Conjunto ordenado y finito de operaciones que permite hallar la solución de un problema.*

El algoritmo se puede descomponer en dos partes:

- Una serie de instrucciones que se deben ejecutar en un orden. Una receta de cocina es un algoritmo (Primero picar la cebolla y sofreír a fuego lento. Después añadir las espinacas, etc…).
- El objetivo es obtener un resultado o resolver un problema. (En nuestro ejemplo ese resultado es poner en la mesa el plato de espinacas que estamos preparando).

Los algoritmos eran usados ya en el imperio babilónico. Con la llegada de los ordenadores y las nuevas tecnologías, el tratamiento masivo de datos está revolucionando el mundo.

En resumen: algoritmos + computadoras y nuevas tecnologías = revolución actual.

Una vez que se han elaborado los patrones e inferencias, se produce una revisión de estos para eliminar fallos lógicos, técnicos, o éticos. Por ejemplo: desaciertos como la existencia de sesgos discriminatorios en el conjunto de datos o en la técnica utilizada. La existencia de errores supone que los patrones obtenidos no son válidos y no se obtendrían resultados predictivos aplicables a otros sujetos.

2º Fase.- Aplicación de los modelos predictivos

Los patrones e inferencias obtenidas se aplican a un caso concreto con el objetivo de adoptar decisiones basadas en el análisis realizado.

Modelos Predictivos

Se intenta hacer predicciones acerca del futuro de acontecimientos no conocidos utilizando una variedad de técnicas para analizar datos históricos y actuales.

La finalidad del modelo es predecir tendencias y patrones de comportamiento.

El análisis predictivo se usa actualmente en muchos sectores: banca y sector financiero, seguros, sector sanitario, etc.

La tecnología del *big data,* siguiendo la definición ofrecida en el año 2001 por el analista Gartner Doug, se basa en los siguientes aspectos:

Volumen. El gran volumen de datos que se maneja (*terabytes* o *petabytes*)[1].

Variedad. Variedad en la tipología de datos y la procedencia de estos.

Velocidad. La velocidad en la clasificación y procesamiento de los datos.

A esta definición de Gartner, se suman otras dos características más:

Veracidad. Veracidad de los datos que se tratan. El *big data* debe garantizar la exactitud de los datos para obtener información cierta que permita la adopción de decisiones correctas.

Valor. El valor añadido que implica esa recopilación, almacenamiento y procesamiento de los datos, para la toma de decisiones en un contexto determinado.

El objetivo claro de todo este proceso de tratamiento de datos es obtener resultados que puedan ser de utilidad. Esta actividad de análisis para descubrir patrones, y conseguir información útil, es lo que se conoce como minería de datos.

Se ha llegado a afirmar que los datos son el petróleo del siglo XXI. La minería de datos no es más que el conjunto de técnicas y tecnologías cuya finalidad es encontrar patrones

---

1 Un *terabyte* equivale a 1 099 511 627 776 bytes; un *petabyte*, a 1 125 899 906 842 624; un *exabyte*, a 1.152.921.504.606.846.976.

por medio de la tecnología. Llegar a conclusiones que conviertan en información útil lo que antes era un conjunto deslavazado de datos.

El *big data* es uno de los iconos de la actual sociedad de la información, aunque, en el fondo, solo es un paso más en el deseo del ser humano por entender el mundo y sus leyes: es fruto de la lucha por comprender lo que nos rodea, en este caso ordenando el caos de los datos, *Ordo ab Chaos*. Este sentimiento es innato en nosotros. La vida humana, en el *Génesis*, comienza con la rebeldía y la desobediencia al comer Adán y Eva del árbol del conocimiento. Más de 400 años antes de Cristo, en el *Ion*, diálogo atribuido a Platón, se plantea la racionalidad como método para entender el mundo y alejarnos de los caprichosos dioses cantados por los poetas. En esencia hablamos de lo mismo.

Uno de los ejemplos más emblemáticos de *big data*, y que siempre se menciona, ocurrió en 2012 en EEUU. El protagonista es la cadena de distribución minorista Walmart, con más de 245 millones de clientes que visitaban sus 10 900 tiendas y con presencia en 10 países de todo el mundo. Las inversiones tecnológicas permitieron a la cadena de distribución tener más capacidad de procesamiento de la información que el propio gobierno de EEUU. La empresa consiguió conocer con anticipación el impacto del huracán Katrina sobre las ventas y aprovisionar sus tiendas con los productos demandados por los clientes. Analizó las pautas de compra cuando se acercaba un huracán, identificó el tipo de productos que se demandaban y la cuantía en base al nivel de alerta que los telediarios daban día a día. La empresa estudió esta información durante años. En 2012, cuando se acercaba el huracán Katrina, el supermercado fue capaz de predecir con gran exactitud como tenía que aprovisionar sus tiendas y en qué volumen para satisfacer las demandas de los compradores.

Actualmente estamos en un momento de la historia de la humanidad dónde prácticamente toda la información está en formato digital. El caso de los supermercados Walmart y su gestión de las ventas en el huracán Katrina, ocurrida ya en 2012, nos acerca a la idea principal: el tratamiento de cantidades masivas de información con el uso de la tecnología permite comprender y descubrir hechos y tendencias que hasta hace muy poco estaban ocultas al observar las bases de datos.

Ahora bien, ¿de dónde se obtienen los datos? Los datos que se utilizan tienen su origen, entre otras, en las siguientes fuentes:

- **Redes sociales**: las empresas, a través de sus perfiles en diferentes Redes Sociales, obtienen información de sus clientes tanto actuales como potenciales.
- **Internet de las cosas:** los dispositivos conectados a la red recaban gran cantidad de datos relacionados con el usuario.
- ***Open data:*** datos compartidos por instituciones o empresas que permiten su uso libre.
- **Datos internos:** son los datos que las empresas recaban directamente de su relación con el cliente, por ejemplo, a través de encuestas de satisfacción.

Los datos empleados en el *big data* pueden ser estructurados o no estructurados. Los primeros son aquellos que están definidos previamente, a los que podemos imaginar como un archivador perfectamente organizado en filas y columnas con datos de dirección, código postal, edad, nacionalidad, etc.; los podríamos ordenar y procesar fácilmente. Por su parte, los datos no estructurados carecen de predefinición, no tienen estructura interna identificable, siendo un conglomerado que no tiene valor hasta que no se realiza una labor de identificación y clasificación de manera organizada; serían los datos contenidos en un campo de texto libre: un correo electrónico, un comentario en redes sociales, audios, videos, etc. Los datos no estructurados son datos en bruto y no organizados.

En los últimos años se ha producido un cambio radical en el concepto y valor que las empresas y organizaciones dan a los datos que manejan. Ahora inciden en la explotación eficiente de los datos que poseen, lo cual les permite obtener ventajas, posicionarse en el mercado, dar un mejor servicio a clientes, optimizar el uso de recursos, etc. Se ha implantado la cultura del dato dentro de las organizaciones y la información ha pasado a ser uno de los mayores activos de las empresas. El uso eficiente de los datos permite diseñar estrategias de futuro con un conocimiento exacto de los gustos y tendencias de los clientes o usuarios. Diseñar y ofrecer productos o servicios enfocados a su *target o* nicho de mercado de manera personalizada.

Estamos asistiendo al proceso de "monetización del dato". Este es un activo de la organización y tiene un valor económico. Se puede aprovechar la comercialización de los mismos, tal y como hacen las grandes empresas tecnológicas como Google, Apple o Facebook; o bien puede hacerse un uso interno para diseñar una estrategia empresarial.

En el caso de las grandes tecnológicas, no se trata de una venta directa de datos, sino de ponerlos a disposición de terceros, por ejemplo, para que aparezcan los anuncios de la empresa cliente en los perfiles de los usuarios que se correspondan con su público objetivo.

La utilización de *big data* es relevante en el mundo de las empresas, pero no se limita su uso solo a este ámbito. Así, por ejemplo, es notoria la utilización del *big data* en el campo de la medicina. En la investigación, y los tratamientos médicos se almacenan gran número de datos relacionados con los pacientes: identificativos, edad, sexo; junto con otro tipo de datos no estructurados: tratamientos, pruebas realizadas, diagnósticos, etc. La utilización del *big data* permite crear historiales clínicos detallados que faciliten adoptar decisiones más ajustadas a la situación clínica del paciente concreto; posibilita la predicción de enfermedades y la prescripción de tratamientos personalizados.

Lectura rápida

Un ejemplo es *Watson* desarrollado por la empresa IBM, un procesador de lenguaje natural que es capaz de leer 200 millones de páginas en tres segundos. De esa forma, puede analizar el historial de un paciente y sus síntomas y crear una lista de enfermedades probables, ayudando así a dar un diagnóstico correcto.

Hacíamos mención a las diversas fuentes de los datos y, sin duda, las redes sociales son unas de las más relevantes. Según el estudio de *Domo*[2] sobre las principales redes sociales, en 2019 se generaron los siguientes datos por minuto en el mundo en las principales redes sociales:

Instagram: 277 777 historias publicadas/ por minuto.

YouTube: 4 500 000 vídeos visualizados/ por minuto.

Twitter: 511 200 tuits publicados/ por minuto.

Tinder: 1 400 000 *swypes*/ por minuto.

Pero, ¿cómo se genera ese elevado volumen de datos en ellas? Veamos el proceso:

2   Domo Technologies Inc.

Nuestros datos en la redes sociales

Nos registramos en una red social y empezamos a dar datos: nombre, apellidos, donde vivimos, edad, profesión, nivel de estudios, estado civil, si tenemos hijos, si tenemos mascota...ya estamos registrados...

...y seguimos generando datos. Damos un "me gusta" o "no me gusta". Compartimos contenidos nuestros y de otros. Seguimos a una empresa o a una marca, a un grupo político, a una asociación religiosa o cultural. Hacemos comentarios y expresamos nuestras opiniones sobre cualquier tema.

A través del procesamiento de todos estos datos, y con la utilización del *data mining*[3], se elaborarán patrones que se convertirán en información de gran valor sobre diferentes segmentos de población (social *big data*). Toda esta información que los usuarios libremente han ido facilitando no hace difícil hacer un perfil detallado y exacto de cómo somos, qué nos gusta y qué pensamos.

No siempre somos conscientes del rastro que vamos dejando. Accedemos a una página web, navegamos por ella. Hacemos clic en alguna opción o hacemos *scroll*, nos deslizamos en la página. Entramos en nuestra banca *online* y hacemos una transacción, visualizamos un contenido. Nos suscribimos a una *newsletter*. Estamos generando datos.

---

3   *Data Mining*, o minería redes datos: conjunto de técnicas y tecnologías que permiten explorar grandes bases de datos con el objetivo de encontrar patrones repetitivos que expliquen el comportamiento de estos datos.

Conectamos nuestro móvil o nuestra *tablet* a otros dispositivos: damos más datos. Utilizamos un asistente personal y le pedimos que nos busque información, que nos ponga una canción: estamos difundiendo datos. Usamos el navegador o una pulsera inteligente que nos dice los pasos que hemos dado, las horas que hemos dormido y cuando las hemos dormido: publicamos datos. Los dispositivos conectados que utilizamos en nuestro día a día están comunicando datos sobre nosotros: hábitos, preferencias, etc. Leemos un artículo en un periódico digital, páginas a las que accedemos, compras *online* que realizamos, sitios web en los que nos registramos, uso que hacemos de las redes sociales. Vamos dejando un rastro de toda nuestra actividad: nuestra huella digital. Deberíamos ser conscientes de que estos servicios no son gratis: a cambio de utilizarlos, estamos dando acceso a nuestra alma.

Y ¿qué hace el *big data* con toda esa información? Recaba los datos, los almacena y los procesa y los vuelve a reunir. Utiliza algoritmos predictivos y prescriptivos; extrae la información requerida; y elabora patrones de comportamiento que se utilizan para desarrollar oportunidades de negocio, diseño de nuevos productos o servicios, estimaciones de venta, elaboración de campañas de *marketing* personalizadas para un tipo de cliente objetivo *(social marketing)*.

¿Cuánto vale nuestra alma?

En resumen, la información es el activo de más valor para las empresas y deberíamos plantearnos que los servicios que nos ofrecen no son gratis. Al final, la empresa recibe un activo de gran valor: nuestros datos.

El *big data:* esperanza de progreso

El *big data* en la mayoría de las ocasiones, y desde sus inicios, ha estado al servicio de la sociedad. Las aplicaciones de *big data* en el sector salud y sanitario son numerosas y van en aumento. Estas prácticas suponen un gran avance de las investigaciones médicas y mejoran la salud de la población. Por ejemplo, los profesionales sanitarios pueden utilizar la analítica de *big data* en tiempo real para saber dónde se está extendiendo el virus de la gripe y a qué ritmo; pueden adaptar las respuestas y garantizar el *stock* de vacunas suficiente para los centros de salud que lo necesiten.

Un caso pionero y emblemático de utilización del *big data* fue la detección de los efectos adversos para la salud del medicamento *Vioxx*, comercializado por una poderosa multinacional farmacéutica. Los riesgos se descubrieron cuando se realizó un análisis de enormes volúmenes de datos existentes y de los miles y miles de pacientes que llegaron a consumirlo.

Historia de *Vioxx*

Publicado en *El País* el 1 de febrero de 2005: *El antiinflamatorio Vioxx pudo haber causado entre 88 000 y 140 000 infartos solo en EE UU. El medicamento, retirado en 2004, fue el mayor éxito de ventas de la historia.*

Vioxx era una historia de éxito en el sector farmacéutico hasta que una de las primeras aplicaciones de *big data* en el ámbito de la salud descubrió la verdad sobre el fármaco.

Vioxx fue comercializado por Merck & Co.

Es un tipo de medicamento antiinflamatorio no esteroideo y un tipo de antiangiogénico; se usaba para aliviar el dolor.

Gracias a las técnicas del *big data* se pudo descubrir el mal comportamiento de este medicamento que produjo un incremento de muertes por sus efectos nocivos y se retiró del mercado.

Es la historia de *Vioxx*, un analgésico de última generación desarrollado por Merck que llegó a convertirse en un *bestseller* de los medicamentos.

Otro ejemplo reciente del *big data* y su utilidad en el sector sanitario ha estado en la detección del inicio de la enfermedad vírica conocida como Covid-19.

Plataforma canadiense *Bluedot*

EL 9 de enero de 2020, la Organización Mundial de la Salud notificó al público sobre un brote similar a la gripe en China: se había constatado un grupo de casos de neumonía en Wuhan, posiblemente por la exposición de los vendedores a animales vivos en el mercado de mariscos de Huanan.

Bluedot, una plataforma de monitoreo de salud canadiense habría enviado la noticia del brote a sus clientes el 31 de diciembre.

Se utilizó un algoritmo impulsado por inteligencia artificial que rastrea informes de noticias en idiomas diferentes, redes de enfermedades de animales y plantas, y proclamaciones oficiales. La plataforma avisó a sus clientes con anticipación para que evitasen zonas de peligro.

La compañía utiliza técnicas de procesamiento de lenguaje natural y aprendizaje automático para examinar información en 65 idiomas.

Una vez que se ha completado el procesado automático de los datos, un equipo de epidemiólogos verifican toda la información para asegurar que, desde un punto de vista científico, esta tiene sentido. Después, la compañía envía el informe a sus clientes, que suelen ser agencias de salud gubernamentales o grandes empresas.

Los usos beneficiosos para la humanidad, afortunadamente, son los más frecuentes. Aunque también encontramos ejemplos de mala utilización: el caso de *Cambridge Analytica*.

El caso Cambridge Analytica

El 17 de marzo de 2018, *The New York Times, The Guardian y The Observer* denunciaron que la empresa Cambridge Analytica estaba tratando información personal de los usuarios de Facebook adquirida de forma fraudulenta. La empresa accedió ilegalmente a información personal de millones de usuarios para crear anuncios políticos, y todo ello con la finalidad clara de manipular al electorado durante las elecciones presidenciales de 2016 en Estados Unidos.

The Guardian informó que Facebook había tenido conocimiento de esta violación de seguridad durante dos años y que no hizo nada para proteger a sus usuarios.

El uso indebido de la información personal de aproximadamente 50 millones de usuarios de Facebook por parte de Cambridge Analytica fue revelado por Christopher Wylie, ex-empleado de la empresa y experto en informática, quien declaró que la empresa había creado una maquinaria para manipular las decisiones de los votantes. El ex-empleado dejó su cargo en la empresa en 2014 y aseguró que al marcharse advirtió a Facebook sobre las prácticas de Cambridge Analytica.

En sus declaraciones, Wylie explicó el funcionamiento del sistema: *Explotamos Facebook para acceder a millones de perfiles de usuarios y construimos modelos para explotar lo que sabíamos de ellos y apuntar a sus "demonios internos"*. El apunte a los "demonios internos" incluía noticias falsas o manipuladas dirigidas a cada usuario para tratar de influir en su forma de pensar y de votar.

La pregunta es: ¿cómo consiguió Cambridge Analytica recoger información personal de más del 15% de la población total de EE.UU? Aleksandr Kogan, profesor de la Universidad de Cambridge, desarrolló un proyecto personal, ajeno a la universidad, que proponía a los usuarios descubrir su personalidad a través de un test. Cuando un usuario quería hacer la prueba se le solicitaba permiso para acceder a su información personal y a la de sus amigos.

Unas 265 000 personas accedieron al test desarrollado por Kogan, lo que, sumando la red de amigos de cada uno de estos usuarios, les permitió acceder a la información de unos 50 o 60 millones de usuarios en un plazo de tres meses, con posibilidad de extenderse al resto del territorio de EEUU.

Big data después del Covid-19

La pandemia del Covid-19 está muy relacionada con el uso de la inteligencia artificial y el *big data*. En poco tiempo, la crisis sanitaria provocada por el Covid-19 ha confinado en sus casas a una parte de la población mundial. Algunos cálculos cifran en alrededor de 2 500 000 000 las personas con algún tipo de confinamiento o restricciones de movilidad.

Consideramos que la protección de la salud y la vida, más en estos momentos tan difíciles, es una obligación de los gobernantes. Mantiene su vigencia y actualidad el clásico adagio latino *Salus populis suprema lex est*, que según escribió Cicerón en *De Legibus* es el principio básico del derecho público romano.

El ciudadano ha visto en esta pandemia como la tecnología actual permite controlar los movimientos de millones de personas y se ha abierto el debate sobre la legitimidad de esta intervención, sus límites y sus riesgos.

Hay admiración en la eficacia mostrada por países asiáticos, como Corea del Sur, que ha conseguido inicialmente la contención de los contagios utilizando tecnologías que, en nuestra legislación, se consideran intrusivas o que vulneran derechos civiles de los ciudadanos: rastreo electrónico de itinerarios, advertencias a presuntos positivos, brazaletes electrónicos, etc.

Corea del Sur y la prevención sanitaria

Corea del Sur desarrolló una respuesta muy efectiva para contener el Covid-19 aprovechando la experiencia de anteriores epidemias de virus que habían afectado al país asiático.

No hubo un confinamiento tan severo de la población como en España, solo se llevó a cabo un gran control de la población a través de las nuevas tecnologías.

El control de la pandemia incluía un seguimiento y localización de la población. Confirmado un caso, se efectuaba el rastreo del historial de todos los movimientos del paciente y de las personas con las que habían contactado.

Se examinaron las imágenes de las cámaras de seguridad, los datos de teléfonos y movimientos de tarjetas de crédito para saber, hasta el mínimo detalle, las personas que habían tenido contacto con los enfermos.

Se utilizaron aplicaciones de geolocalización para supervisar los movimientos de los pacientes en tiempo real y sancionar a los que rompían la cuarentena.

Se desarrollaron aplicaciones que informaran sobre los datos de ubicación de los enfermos (con un perfil anónimo).

Hasta hace pocos años, saber cómo se propagaba un virus era inimaginable. El teléfono móvil permite hoy la geolocalización de personas con escasos metros de error, también de los contactos y relaciones de esas personas, y los históricos de esos contactos y relaciones.

El uso de los datos de localización por los estados es, en ocasiones, opaco: falta transparencia, no sabemos de qué manera se hace, con qué frecuencia y por qué motivos. Técnicamente es posible, sin embargo, un medio tan intrusivo en la intimidad del ciudadano debería tener un marco legal más claro y protector.

La aceptación de que todo vale ante una pandemia, como el coronavirus, debe dejar paso a plantear la proporcionalidad y necesidad de las medidas intrusivas y sobre todo más transparencia, más claridad y más control sobre el uso de las nuevas tecnologías. En resumen, conseguir un equilibrio entre el uso de los datos personales y la protección de las personas.

A diferencia de otras grandes epidemias históricas, hoy el mundo se ha hecho pequeño e interconectado. Esto es algo nuevo que incide sobre nuestra vulnerabilidad. Los niveles de urbanización y el tamaño de la población mundial, casi 8 000 000 000 de habitantes, hace que esta pandemia sea diferente también. Otra característica única es el uso de *big data*, geolocalización, teléfonos móviles, tecnología, etc. En este punto es necesario aclarar que no todas las aplicaciones desarrolladas y puestas en marcha por los gobiernos para controlar el virus implican uso del *big data* e inteligencia artificial. Para que exista *big data* es necesario que se lleve a cabo una recopilación masiva de datos que pueda generar información de geo-localización, contactos, horarios de entrada y salida del domicilio, lugares de desplazamiento habitual, personas con las que se mantiene un mayor contacto, etc.; y con esas averiguaciones elaborar, por ejemplo, patrones de comportamiento de la población.

Con la pandemia del Covid-19 también hemos visto aparecer lo que la OMS ha denominado *infodemia*, la proliferación masiva en las redes sociales de noticias falsas o *fakes news*, orientadas a generar desinformación entre la población. Estas noticias falsas pueden tener graves consecuencias en la salud de los ciudadanos. Noticias falsas relacionadas con las medidas de "curación o prevención" del virus, o incluso negar la existencia de este. El *big data* junto con la inteligencia artificial puede emplearse para la detección de estas noticias falsas y evitar su propagación, pero también para crearlas.

Capítulo 2

Una pareja de hecho: inteligencia artificial y *big data*

Estrechamente ligado al *big data* aparece la inteligencia artificial (IA), que de acuerdo con la definición ofrecida por el Grupo de Alto Nivel en Inteligencia Artificial (AI – HLEG) creado por la Comisión Europea consiste en:

Sistemas que manifiestan un comportamiento inteligente, al ser capaces de analizar el entorno y realizar acciones, con cierto grado de autonomía, con el fin de alcanzar objetivos específicos.

Otra definición de inteligencia artificial utilizada por la OCDE sería: ...*un sistema de inteligencia artificial es un sistema basado en una máquina que puede, para un conjunto dado de objetivos definidos por el ser humano, hacer predicciones, recomendaciones o decisiones que influyen en entornos reales o virtuales. Los sistemas de inteligencia artificial están diseñados para operar con diferentes niveles de autonomía.*

El avance en la inteligencia artificial conlleva el impulso del *big data* por su capacidad para recopilar, almacenar y procesar grandes volúmenes de datos.

Los sistemas de inteligencia artificial pueden clasificarse en tres tipos básicamente, atendiendo a las capacidades de los sistemas desarrollados:

Inteligencia artificial general: sistemas que tienen la capacidad de resolver problemas que podría resolver el ser humano.

Inteligencia artificial fuerte: sistemas que tienen la capacidad de resolver problemas más allá de la capacidad que tenemos los humanos.

Inteligencia artificial débil: sistemas que resuelven problemas definidos, concretos y acotados.

Los expertos en computación Stuart Russell y Peter Norvig diferencian cuatro tipos de inteligencia artificial, según la capacidad para pensar o actuar como los humanos:

Sistemas que piensan como humanos: automatizan actividades como la toma de decisiones, la resolución de problemas y el aprendizaje.

Sistemas que actúan como humanos: se trata de computadoras que realizan tareas de forma similar a como lo hacen las personas.

Sistemas que piensan racionalmente: intentan emular el pensamiento lógico racional de los humanos, es decir, se investiga cómo lograr que las máquinas puedan percibir, razonar y actuar en consecuencia.

Sistemas que actúan racionalmente: idealmente, son aquellos que tratan de imitar de manera racional el comportamiento humano.

La catedrática de Ética y Filosofía Política de la Universidad de Valencia, Adela Cortina, una referente en la reflexión sobre la aplicación de la ética a las nuevas tecnologías, distingue varios modelos posibles de inteligencia artificial a los que corresponden reflexiones éticas diferentes:

La inteligencia artificial especial, la que existe actualmente, son sistemas que realizan tareas concretas de forma muy superior a la humana: procesan una inmensa cantidad de datos y cuentan con algoritmos sofisticados. Es la clase de inteligencia artificial que está en uso en estos momentos en diversos sectores como la salud, las comunicaciones, reconocimiento de voz, etc. El ser humano se sirve de estos sistemas inteligentes para procesar gran cantidad de datos, *big data*, incluso para aprender de sus resultados. Las reflexiones giran en cómo orientar de forma ética el uso que los humanos hacen de estos sistemas.

Inteligencia artificial general, o inteligencia artificial fuerte, que hipotéticamente igualará a la inteligencia humana. La máquina realiza la actividad intelectual de cualquier ser humano. Es un objetivo importante para la investigación sobre inteligencia artificial, aunque no es fácil lograr resultados porque las máquinas carecen de sentidos y vivencias corporales y son estas sensaciones las que nos permiten comprender e interpretar el mundo. Hay mucha investigación en este tipo de inteligencia artificial a la que se destinan ingentes recursos. Se han dado muchos avances y complejos algoritmos matemáticos, pero sin embargo, actualmente, este tipo de inteligencia artificial no es una realidad. Si existiese en algún momento, se deberían plantear y resolver muchas incógnitas ante un ser que no puede considerarse una máquina sin más. Se podría pensar en reconocerles dignidad, derechos y obligaciones, personalidad jurídica, etc.

Antecedentes de la Inteligencia Artificial

En el año 1936 se inició el proceso de la inteligencia artificial moderna. Alan Turing, experto matemático, descifró los códigos secretos nazis de "Enigma". Este descubrimiento permitió a los aliados descifrar los mensajes secretos del ejército alemán.

En 1936, Turing publicó su concepto de "máquina universal", que fue elegida por votación popular como el mejor invento británico del siglo XX, y que consistía en un dispositivo capaz de leer y manipular datos sobre una cinta continua que además podría servir para programar el comportamiento de la propia máquina.

En 1950, Turing formalizó el inicio de la Inteligencia Artificial con su *Test de Turing*. El test consistía en una prueba para definir si una máquina es inteligente o no, de manera que si un humano y una máquina contestan las preguntas de un interrogador y ese interrogador no puede distinguir si las respuestas provienen del humano o de la máquina, entonces la máquina es inteligente.

En 1956, tiene lugar la Conferencia de Darmouth, donde los científicos Claude Shannon, Marvin Minsky y John McCarthy reunieron a expertos en teoría de la información, redes neuronales, computación, abstracción y creatividad. Esta conferencia se considera el germen de la inteligencia artificial y en ella se utilizó por primera vez el término.

En el año 2014, por primera vez, un *software* superó el Test de Turing, siendo el primer *software* de inteligencia artificial. El hecho tuvo lugar en la Royal Society de Londres, en un evento organizado por la Universidad de Reading. El *software* ruso *Eugene*, que imitaba el perfil de un niño de 13 años, consiguió superar el test que requería que el 30% del tiempo de duración de la prueba, los jueces no lograron distinguir si las respuestas eran dadas por un humano o por una máquina. *Eugene* superó la prueba con un 33 % del tiempo, anteriormente, en el año 2012 hizo su primer intento, logrando el 29 % del tiempo. Sus creadores son Vladimir Veselevo y Eugene Demchenko.

La inteligencia artificial, en estos últimos años, ha tenido un amplio desarrollo en diversos campos, facilitando el trabajo y aportando beneficios. La consultora estadounidense Gartner concluyó que en el año 2020 el 85% de las relaciones de las empresas con sus clientes sería gestionada por inteligencia artificial. El volumen de negocio que se prevé para el año 2025 relacionado con el mercado de la inteligencia artificial podrá alcanzar los 127 000 millones de dólares.

El ciclo de vida de un sistema de inteligencia artificial, desde su inicio a su descarte, pasará a través de distintas etapas comunes a todos los desarrollos tecnológicos. No obstante, en función de la tecnología de IA que se implemente, podría tener algunos matices o particularidades. Estas etapas son:

— Concepción y análisis, en la que se fijan los requisitos funcionales y no funcionales de la solución de inteligencia artificial. Estos vendrán fijados por objetivos de negocio derivados del tratamiento en donde se incorporará o del mercado donde se pretende comercializar el componente. Incluirá los planes de proyecto, las restricciones normativas, etc.

— Desarrollo, incluyendo etapas de investigación, prototipado, diseño, pruebas, entrenamiento y validación. No todas las etapas estarán siempre presentes y su existencia quedará supeditada a la solución concreta adoptada. Por ejemplo, la etapa de entrenamiento sí estará presente en componentes de inteligencia artificial basados en aprendizaje automático (ML).

— Explotación, esta etapa comprende la ejecución de distintas acciones, y algunas de ellas se ejecutarán en paralelo: integración, producción, despliegue, inferencia, decisión, mantenimiento y evolución.

— Retirada final del tratamiento/componente.

Aplicaciones de la inteligencia artificial

En la actualidad, la aplicación de sistemas de inteligencia artificial es cada vez más habitual y se aplica a prácticamente todos los sectores de actividad. Aquí hacemos mención a sectores en los que la inteligencia artificial tiene mayor desarrollo o aporta más beneficios para el ser humano:

Inteligencia artificial en la gestión de información

Como decíamos al inicio de este capítulo, la inteligencia artificial y el *big data* están estrechamente ligados. La utilización del gran número de información disponible, a través del *big data*, mejora la capacidad de aprendizaje de sistemas de inteligencia artificial basados en el aprendizaje automático (*machine learning*). Esto, trasladado al mundo empresarial, permite un mayor conocimiento del mercado. El análisis de un volumen elevadísimo de datos estructurados y no estructurados, obtenidos de diversas fuentes (aportados por el cliente, de redes sociales., navegadores, etc.), posibilita a las empresas la toma de decisiones más acertadas, basadas en un análisis y aprendizaje del comportamiento y preferencias de los consumidores. Así, pueden anticiparse a la hora de ofrecer y desarrollar nuevos productos para los clientes.

Inteligencia artificial en los buscadores de internet

¿Cómo funciona la inteligencia artificial en los buscadores? Hacemos la consulta en el buscador y nos ofrece un listado de respuestas relacionada con nuestra pregunta.

Inicialmente, se tenía en cuenta el número de veces que aparecía la palabra buscada, que había sido accedida por otros usuarios. A estos factores se han incorporado algoritmos basados en el aprendizaje del sistema. El algoritmo que hay detrás del buscador nos muestra las mejores opciones en nuestra exploración y mejora continuamente la experiencia que tenemos como usuarios. El sistema interpreta qué queremos para poder darnos las opciones más ajustadas a nuestra búsqueda; nos ofrece información relacionada con esa búsqueda o información relacionada que ha sido consultada por otros usuarios.

Inteligencia artificial en las redes sociales

El uso de sistemas de inteligencia artificial es algo frecuente en las diferentes redes sociales y tiene diferentes aplicaciones. El *marketing* digital personaliza los mensajes que se envían a cada usuario. Es habitual cuando utilizamos las redes sociales que aparezca información sobre productos o servicios que son de nuestro interés. El sistema detecta que en algún momento hemos efectuado una búsqueda relacionada con ese tema. También descubre patrones de comportamiento analizando los mensajes que el usuario escribe en su muro, ese espacio del usuario de una red social que comparte con el resto de sus contactos, donde estos pueden publicar sus comentarios u opiniones.

Ejemplo de utilización positiva de la inteligencia artificial en las redes sociales

Desde hace algunos años, Facebook y Twitter utilizan la inteligencia artificial para detectar las tendencias suicidas de los usuarios, lo hacen al analizar los comentarios en sus publicaciones. La denominada "predicción social del suicidio" consiste en la búsqueda de palabras o expresiones que tienen una correlación con pensamientos suicidas. Su empleo está implantado en EE.UU., donde se informa a la policía de los riesgos suicidas de un usuario para que se valore el riesgo.

En el ámbito de la Unión Europea, estas actuaciones son incompatibles con la normativa de protección de datos. Además, podemos plantearnos que si bien se pueden evitar suicidios, un uso incorrecto de esa información puede vulnerar derechos fundamentales.

Conocemos los riesgos que conlleva el mal uso de las redes sociales. Especialmente para los menores de edad que, en algunas ocasiones, no son muy conscientes de las consecuencias que puede tener publicar una foto o un video que ponga en riesgo su privacidad o la de terceros. Para evitar estas situaciones de riesgos y proteger a los menores, también se utiliza la inteligencia artificial. Tenemos un ejemplo en *Peseida*, desarrollado en España por investigadores de la Universidad Politécnica de Valencia, que informa al usuario de los riesgos que tiene la información que va a publicar en una red social. El algoritmo utilizado detecta tipos diferentes de información sensible, que se ha determinado previamente, y advierte de los riesgos de su publicación.

Inteligencia artificial en la banca

Si bien la inteligencia artificial se utiliza en muchos sectores de la actividad económica, hacemos una mención expresa a su empleo en la banca porque al final todos somos usuarios de ella. Su aplicación en el sector es amplia. Desde los *chatbots*, programas que mantienen conversaciones y atienden consultas, hasta sistemas para la concesión de préstamos que analizan la información facilitada por el cliente y de otras fuentes internas y externas, como redes sociales, internet, el historial de la actividad y comportamiento financiero que tiene el solicitante del préstamo desde el inicio de su relación con la entidad. El uso de la inteligencia artificial permite a las entidades bancarias detectar operaciones que pueden resultar sospechosas de ser fraudulentas al no ajustarse a los patrones de comportamiento de su cliente; por ejemplo, en el uso de las tarjetas de crédito. También se puede analizar el perfil de una persona o empresa para ofrecerle productos financieros que se ajusten a sus características, (edad, nivel de ingresos, actividad comercial, etc.). Aquí pueden presentarse situaciones discriminatorias profundamente injustas al utilizar determinados parámetros, como el código postal, para valorar la situación socioeconómica excluyendo del ofrecimiento de los productos financieros más ventajosos a clientes que residan en distritos relacionados con un poder adquisitivo bajo.

Inteligencia artificial en servicios sociales

El uso de la inteligencia artificial es beneficioso para las personas mayores, un grupo que no para de crecer. La idea es incrementar su seguridad y mejorar las condiciones de vida en su propio domicilio. Estos sistemas se basan en el estudio del comportamiento diario y las rutinas de los mayores, llevando a cabo un aprendizaje de sus conductas y de las posibles variaciones que se puedan presentar en estas. Si el dispositivo detectase alguna contingencia enviaría alertas a familiares previamente dados de alta en el sistema y al centro de atención sanitaria más cercano. De esta forma se lograría un ágil y estratégico método de atención para el usuario, evitando así el tener que recurrir a algún tipo de comunicación directa para su alerta.

Inteligencia artificial en la medicina

Si existe un campo donde la inteligencia artificial es beneficiosa para el ser humano, sin duda es la medicina. Una de las aplicaciones más novedosas son las herramientas basadas en el análisis computacional de las imágenes médicas, radiología y medicina nuclear, que extraen métricas cuantitativas que permiten reducir el nivel de incertidumbre del diagnóstico y mejorar la toma de decisiones. Una de estas herramientas, el análisis textural, está revolucionando el conocimiento de los tumores malignos al permitir categorizar la heterogeneidad de los tejidos tumorales de forma no invasiva, una característica que está ligada a la agresividad del tumor y al pronóstico del paciente; esto permite también predecir la respuesta que va a tener el paciente al tratamiento.

Otras aplicaciones de la inteligencia artificial en medicina las encontramos en el control de dispositivos que miden las constantes del paciente en los servicios de cuidados intensivos, lo que facilita un control en su evolución y el establecimiento de alarmas cuando se rebasan los parámetros establecidos por el facultativo y en el diseño de prótesis que se adaptan perfectamente al paciente. También se usa en intervenciones quirúrgicas para facilitar accesos menos invasivos.

En estos momentos, la inteligencia artificial no sustituye al humano, pero en un futuro, junto con la aplicación de la robótica, podremos ver intervenciones quirúrgicas sin la participación directa de un cirujano; un robot con inteligencia artificial será capaz de llevar a cabo la intervención de manera autónoma.

Inteligencia artificial en la educación

Se desarrollan sistemas que pretenden mejorar y facilitar el aprendizaje del alumno en diversas materias, evaluando su nivel de conocimiento y, a partir de ahí, proponer la siguiente secuencia de conceptos que el alumno debería aprender y aplicar.

Dentro de este campo de la educación o el aprendizaje, es habitual el uso de simuladores que permiten el aprendizaje y la corrección de errores; por ejemplo, en el manejo de vehículos o maquinaria, haciendo que el piloto o conductor se sitúe en situaciones complicadas que se pueden presentar en el mundo real y ayudándolo en la superación con éxito de esas situaciones.

Inteligencia artificial en la robótica

Es uno de los campos en los que la inteligencia artificial actúa con mayor desarrollo y proyección. Su aplicación podemos encontrarla en el sector de la industria en cadenas de montaje o embalaje de sus productos. También en la atención al cliente con los *chatbots*, programas que sustituyen a los operadores y ofrecen soluciones a los clientes; aquí se hace un aprendizaje con sistemas de *machine learning*. En el sector industrial la inteligencia artificial unida a la robótica podrá sustituir al humano, si no en su participación total, si en un buen número de puestos de trabajo.

Inteligencia artificial en el derecho

La aplicación de la inteligencia artificial en el mundo jurídico ha dado lugar a la aparición del término *LegalTech*. En el campo del derecho, la inteligencia artificial resulta de gran ayuda para todos los profesionales, pero no pretende sustituir a los profesionales jurídicos, sino facilitar su trabajo. Analiza un gran volumen de información, (normativa, sentencias, doctrina, etc.) relacionada con un caso concreto en un espacio de tiempo mucho menor que el que llevaría a una persona leer y estudiar toda esa información, lo que optimiza la preparación del caso y facilita elegir una solución jurídica adecuada. También se usa, no sin polémica, en el ámbito del derecho penal para determinar la probabilidad de reincidencia de un delincuente o definir políticas de reinserción.

Inteligencia artificial para el procesamiento de lenguaje naturales

En este campo, el objetivo es el desarrollo de sistemas que posibiliten la traducción simultánea del lenguaje. En este sentido, ya existen en el mercado *softwares* que logran traducciones simultáneas, tanto de manera escrita como auditiva. Su desarrollo hará posible la comunicación entre personas de cualquier lugar del mundo sin necesidad de aprender idiomas. Esto tendrá una aplicación positiva en los negocios internacionales y facilitará la vida a los viajeros.

Inteligencia artificial en el ámbito de la automoción

La existencia de vehículos autónomos ya es un hecho, aunque están todavía en periodo de pruebas. Los sistemas de conducción virtuales, mapas de alta definición y carreteras optimizadas para el tráfico prometen ventajas tanto de coste y seguridad en la conducción como de calidad de vida y medioambiental. También plantea problemas éticos a la hora de definir los algoritmos que decidirán en caso de una situación límite por atropello o accidente. ¿Cuál será la decisión del sistema de inteligencia artificial que controla la conducción? ¿Prevalecerá la seguridad del peatón o de terceros implicados, o la seguridad de los pasajeros del vehículo?

Inteligencia artificial en el ámbito de los recursos humanos

La utilización en esta área va desde su aplicación en procesos de selección para cribar los *curriculum vitae* que no se ajusten a los parámetros que se han establecido para el puesto de trabajo, evaluar y hacer entrevistas virtuales a los candidatos utilizando un *chatbot*, hasta su aplicación dentro de la propia organización empleando la inteligencia artificial para gestionar toda la información que una empresa puede tener de sus empleados y valorar su productividad, rendimiento, habilidades profesionales y personales. La empresa obtiene una información valiosa de las habilidades y productividad del trabajador para desarrollar, por ejemplo, planes de formación que mejoren la plantilla de la empresa y su competitividad. También permite despedir a los que no se consideren idóneos por no alcanzar las expectativas exigibles.

Además de estas áreas en las que la aplicación de la inteligencia artificial nos puede parecer más lejana, también es habitualmente utilizada en nuestra actividad diaria, aunque a veces no seamos conscientes de ello. Ponemos como ejemplo tres áreas que están presentes a diario en nuestras vidas:

Inteligencia artificial en los videojuegos

La inteligencia artificial tiene diferentes aprovechamientos en los actuales videojuegos y contribuye a que sean tan reales como la vida misma. Los diferentes personajes que aparecen adaptan su comportamiento a las acciones de cada jugador. Tanto el juego como los personajes se adecuan a los escenarios variables que se presentan y son capaces de reaccionar a las acciones que lleva a cabo cada jugador. Los protagonistas tienen un comportamiento real y detrás de ello está la inteligencia artificial y su capacidad de aprendizaje.

Inteligencia artificial y asistentes personales

Los asistentes personales están totalmente integrados en nuestra vida diaria, entre ellos, tenemos a *Google Assintant* (Android), *Siri* (Apple), *Cortana* (Microsoft), o *Alexa* (Amazon). Les podemos pedir que realicen múltiples tareas, desde revisar nuestra agenda, decirnos la predicción del tiempo, poner nuestra canción favorita de la *playlist*, hacer una llamada, conectarse a dispositivos inteligentes de nuestro hogar; las posibilidades cada vez son más amplias. No obstante, también son una amenaza para nuestra privacidad, pues en alguna ocasión, ha quedado de manifiesto la grabación de las conservaciones, incluso cuando no estamos utilizando el asistente. Recordamos los problemas de Amazon con su asistente *Alexa*: se reveló que las conversaciones eran escuchadas por sus empleados y eran transcritas a texto para su conservación. En una carta enviada al senador de Estados Unidos Christopher Coons para responder a las preguntas planteadas sobre la privacidad y seguridad, el vicepresidente de Política Pública de Amazon, Brian Huseman, reconoció que estas conversaciones podrían almacenarse de manera indefinida en los servidores de Amazon, incluso aunque el usuario las hubiera eliminado, y podían ser compartidas con terceros.

Por otra parte, los asistentes personales presentan riesgos en seguridad, sus sistemas pueden ser *hackeados* al presentar vulnerabilidades en la autenticación del usuario. Aunque dedicamos un capítulo de este libro a la seguridad, queremos hacer mención como ejemplo de vulnerabilidad en seguridad a *Dolphin Attack*. Esta técnica utilizaba un sistema de amplificación modular para que los asistentes reciban órdenes por voz sin que puedan ser percibidas por el oído humano. Así, un *hacker* podría ordenar a nuestro asistente que desconectara la alarma de seguridad de nuestra vivienda y, de esta manera, facilitar su entrada en nuestra casa.

Implicaciones éticas en el uso de la Inteligencia Artificial

El uso de la Inteligencia Artificial y las nuevas tecnologías plantea cuestiones éticas en su uso que requieren el estudio y compromiso por parte de la industria, los gobiernos, las organizaciones internacionales, la sociedad civil, etc. Hay que basar su desarrollo y utilización buscando el bienestar y beneficio del ser humano, sin discriminación y sin que sirva para acentuar las diferencias ya existentes entre países, o entre sectores de la población, que ya puedan sufrir una discriminación que pueda verse agravada.

Historia de *Tay*

En 2016, Microsoft lanzó *Tay*, un *chatbot* capaz de aprender a partir de la interacción con las personas. *Tay* tenía el perfil de una chica de 19 años y en menos de un día se convirtió en un robot racista, xenófobo y homófobo después de su aprendizaje con usuarios en diferentes redes sociales. Fue retirado por Microsoft inmediatamente.

La digitalización de la sociedad en la que vivimos es un proceso imparable. El avance de la tecnología en todos los campos, supone un cambio en nuestra actividad diaria, en el desarrollo de nuestro trabajo y en la manera de relacionarnos con los demás. En la actualidad, el *big data*, la inteligencia artificial y el internet de las cosas están integrados en nuestra vida y afectan a diferentes facetas de nuestra actividad. Sin duda, son tecnologías encaminadas a beneficiar a las personas, a solucionar problemas existentes y a mejorar las condiciones de vida. Es un riesgo para las personas que el diseño de algoritmos recoja actitudes discriminatorias para a un sector de la población. Los criterios subjetivos, espurios o que perpetúan discriminaciones y prejuicios no son consecuencia de las nuevas tecnologías, aunque éstas pueden amplificar sus efectos.

La legislación siempre ha ido un paso por detrás de los cambios de la sociedad en prácticamente todos los escenarios. Primero se produce el cambio en la sociedad y este cambio de mentalidad, de circunstancias sociales, económicas, políticas, etc. termina forzando el cambio legislativo para adecuarse a esas nuevas circunstancias.

En el año 2017, el Parlamento Europeo propuso una serie de medidas para asegurar un desarrollo seguro y sostenible de la inteligencia artificial. Entre las medidas propuestas están:

- Crear una Agencia Europea de Robótica e Inteligencia Artificial.

- Crear un Registro Europeo de robots inteligentes.

- Elaborar un código de conducta que los responsables de herramientas de inteligencia artificial o robótica operen de acuerdo con unas normas de seguridad y ética destinadas a reducir el impacto social.

- Desarrollar leyes que depuren responsabilidades por las acciones realizadas por una inteligencia artificial.

La digitalización de la sociedad cambia el escenario y las relaciones entre personas, personas y gobiernos, personas y empresas y personas y máquinas. Estas nuevas relaciones deben ir acompañadas de cambios legislativos que protejan los derechos de los ciudadanos. No solo hablamos del derecho a la privacidad y protección de datos, las implicaciones del avance de la tecnología van más allá de la privacidad.

Un ejemplo claro lo tenemos en la sustitución del hombre por las nuevas tecnologías. ¿Qué ocurre cuando en nuestro puesto de trabajo somos sustituidos por tecnología? Comienza a ser un hecho los despidos porque el trabajo que antes desempeñaba una persona lo hace ahora un programa informático, un robot o un algoritmo. El Foro Económico Mundial (WEF) publicó un informe en 2018 donde estimaba que en el año 2025, con los avances tecnológicos, la pérdida de empleos en todo el mundo llegaría a los 25 millones de puestos de trabajo.

Sin embargo, coexiste otro aspecto, la aparición de nuevos perfiles profesionales y la creación de nuevos puestos de trabajo. Se estima que se crearán 58 millones de nuevos empleos relacionados con los nuevos perfiles. Ya existe esta demanda en el mercado laboral: analistas de datos, programadores, desarrolladores, diseñadores, especialistas en pensamiento crítico, inteligencia social, computación, ciberseguridad, etc.

Las transformaciones del mercado laboral merecen una amplia reflexión de todos los sectores implicados (gobierno, sector educativo, empresarios, sindicatos); es necesario un cambio de mentalidad. Los perfiles demandados serán distintos a los que conocemos ahora. Los programas educativos también deberán ser diferentes y adaptarse a la demanda del mercado.

Todo esto requiere un esfuerzo por parte de la sociedad. En un futuro desaparecerán muchos puestos de trabajo que requieren una baja o media capacitación profesional y, si no se adoptan medidas y no somos responsables de nuestro futuro, se podría incrementar la brecha social existente. Habrá una mayor diferencia entre trabajadores altamente cualificados, que desarrollan trabajos de calidad con sueldos elevados acordes a sus funciones, y trabajadores sin la cualificación que estarán fuera del mercado laboral o en puestos con bajas retribuciones y malas condiciones. Es decir, las desigualdades que ya existen, se incrementarán.

Sentencia que declara nulo el despido de una trabajadora sustituida por un *bot*.

La trabajadora del sector hotelero que fue despedida al ser sustituida en su trabajo por un programa informático que realizaba sus funciones en el departamento de contabilidad de la empresa, con menor coste y mayor productividad. El despido se motivó en causas objetivas alegando causas técnicas, organizativas, productivas que no fueron aceptadas por el tribunal al no acreditarse una mala situación de la empresa que requiriese efectuar despidos para asegurar su viabilidad. El Tribunal consideró que la automatización de procesos no podía considerarse una causa excepcional, *cuando todos los estudios apuntan a que la automatización de procesos como la operada en el caso presente implica una destrucción de empleos de al menos el 35% de la población activa en los años venideros...*

Se advierte en la sentencia que estas situaciones no suponen un cambio en los instrumentos de producción, sino que *"se pasa de que los trabajadores hagan uso de un instrumento de producción para el desempeño de su trabajo, a que el instrumento de producción haga ese trabajo por sí. Aquí no se produce un cambio en el medio o instrumento de producción, lo que se produce es la sustitución de un trabajador por un instrumento. Lo contrario sería tanto como considerar al trabajador un instrumento y la aparición de un robot o bot un cambio en ese instrumento...*

(...) la introducción de bots en el entorno laboral implica la multiplicación de la productividad, en tanto en cuanto uno solo de estos bots pueden hacer el trabajo de más de un trabajador, y con ello aumentar la competitividad sobre la base de reducir costes.

(...) esos costes que se reducen, se circunscriben en prescindir totalmente de los trabajadores. Esto es, se erige la mejora de la competitividad como elemento único que justifique el despido, mediante la introducción de bots que automaticen el trabajo, desplazando a la masa laboral humana. Definitivamente, esto no puede ser tenido como una causa justa para un despido objetivo procedente, por cuanto lo contrario implicaría favorecer, so pretexto de la competitividad, la subestimación y minimización del Derecho al Trabajo".

Por el momento, la interpretación de los Tribunales de la regulación establecida en nuestro *Estatuto de los Trabajadores* que podrían justificar el despido de los trabajadores cuando son sustituidos por *bots*, es favorable a los trabajadores garantizando, si no su readmisión, al menos, una indemnización por despido improcedente

No obstante, sería deseable que la legislación regulase claramente esa transición que se va a efectuar en el mercado laboral, donde se va a producir una colisión entre los Derechos de los Trabajadores y la libertad de empresa a la hora de decidir sustituir personas por bots o robots, lo que supone un claro beneficio para la empresa a la hora de aumentar la productividad (los *bots* no están sujetos a horarios, vacaciones, bajas…), y una reducción de costes (los *bots* no cobran salarios, no cotizan a la Seguridad Social, no se les tiene que indemnizar cuando se les sustituye…).

El ámbito laboral es solo un ejemplo de las implicaciones que tendrá en nuestra sociedad la convivencia de estas tecnologías con el ser humano y la necesidad de adaptarnos a estos cambios.

Hay otras consecuencias derivadas de esa "sustitución" del hombre por la tecnología. Los gobiernos, los legisladores y la sociedad civil deberán plantearse cómo hacer sostenible el actual sistema de pensiones y la sociedad del bienestar. ¿Quién pagará impuestos?, ¿quién cotiza a la Seguridad Social? ¿Solo los humanos, o también las "creaturas no biológicas"? Este debate ya está encima de la mesa y debe llegarse a un acuerdo, en un futuro no muy lejano, que garantice la sostenibilidad del sistema y el estado de bienestar.

Capítulo 3
Hablemos del Internet de las Cosas (IoT)

Si existe una tecnología de gran utilidad, aplicación y repercusión directa sobre la vida de las personas y de las familias, es el llamado internet de las cosas (IoT). La mayoría de las estimaciones consideran que, para 2025, habrá más de 21 billones de dispositivos del internet de las cosas conectados a la red en todo el mundo.

Es un futuro que está ya aquí. Los hogares, centros de trabajo, vías públicas y centros comerciales tendrán o tienen ya conexión a internet y entre sí debido a la instalación de un sinnúmero de aparatos y dispositivos que indudablemente nos facilitan la vida. Estas cosas proporcionan información sobre nuestros hábitos cotidianos, el tipo de vida que hacemos y los cambios en nuestras rutinas. La monitorización en tiempo real, por ejemplo a través de contadores inteligentes del consumo de agua, luz y gas, podría indicar a la empresa suministradora si tenemos compañía el fin de semana, a qué hora llegamos a casa, cuando nos levantamos, qué día salimos a cenar fuera, etc.

El llamado internet de las cosas (IoT), es la tecnología que permite la interconexión de diferentes objetos entre sí a través de internet. Estamos hablando de la conexión de objetos y no de personas. Estos dispositivos ya existían antes de la aparición del internet de las cosas:

estaban presentes en nuestra vida diaria, pero ahora están conectados a la red de redes. Además se conectan entre sí, interactúan e intercambian información.

La inteligencia artificial tiene una estrecha relación con el internet de las cosas, actuando con frecuencia de manera conjunta. El dispositivo recopila los datos y la inteligencia artificial los analiza y adopta decisiones.

De manera muy simple, tendríamos varios objetos que utilizamos habitualmente. Están dotados de un *hardware* y *software* que permite su conexión a internet. A través de sensores y actuadores se recaban los datos para ser enviados a través de la red y activar la realización de una acción concreta. Por ejemplo, una bomba de insulina que a través de sensores controla el nivel de glucosa del paciente y analiza esos datos. El sistema decide la cantidad de insulina que el dispensador debe proporcionar al usuario para mantener sus niveles de glucosa adecuados.

El objetivo de esta tecnología es facilitarnos la vida. Automatiza acciones que realizamos habitualmente y optimiza su realización tras analizar todos los datos que se obtienen a través de su uso. No solo nos facilitan la vida a nosotros, sino que también pretenden mejorar y optimizar la realización de tareas que se llevan a cabo en diferentes sectores productivos como la industria o la agricultura. Otro campo con el que tiene una vinculación importante es con el desarrollo de las ciudades inteligentes o *Smart cities*.

El internet de las cosas está ya integrado en nuestra vida cotidiana y un ejemplo de esta presencia son las siguientes "cosas":

- Sistemas de videovigilancia, cámaras de seguridad instaladas en nuestros hogares y conectadas a internet. A través de una aplicación instalada en nuestro móvil podemos visualizar nuestro hogar desde cualquier sitio, captar una imagen, desactivar la alarma, recibir una notificación en tiempo real si se activa un sensor de presencia, etc.

- Dispositivos *wearables*, que, en general, son pequeños dispositivos que llevamos siempre con nosotros y que tienen incorporado un microprocesador que recoge datos de nuestra actividad e interactúan con otros dispositivos. Entre los más habituales están las pulseras inteligentes que controlan toda nuestra actividad, (calorías que gastamos, pasos que damos, horas que dormimos, cuándo las dormimos, etc.). Las zapatillas inteligentes que nos dan toda la información relacionada con la ruta que hemos realizado, nuestra ubicación, duración, etc. Gafas inteligentes que obedecen a nuestra voz y en su pantalla nos muestran la información solicitada, acceden a nuestro correo electrónico, hacen fotos, graba videos. Ropa para bebés cuyos sensores, por ejemplo, que llevan incorporados miden la temperatura del niño y envían una alerta a nuestro móvil si tiene fiebre. Cascos de seguridad utilizados en diferentes profesiones y que vigilan el nivel de oxígeno y la temperatura con geolocalización.

- Internet de las cosas unido a la domótica. Hablamos de electrodomésticos inteligentes que programamos desde nuestro móvil. En general, todos los dispositivos de nuestra casa van a poder ser gestionados a distancia. Los hogares inteligentes, o edificios inteligentes, tienen una mejor gestión de los recursos al optimizar el ahorro energético en iluminación, sistemas de riego, control de la temperatura en la vivienda o edificio. También gozan de un incremento de la seguridad con la instalación de circuitos cerrados de televisión gestionados a distancia. Todo ello redunda en un aumento de la comodidad.

- Vehículos conectados a la red que ofrecen servicios de música *online*; información sobre restaurantes; hoteles cercanos a nuestra localización; datos del tráfico y el estado de las carreteras; consejos sobre el estilo de conducción; avisos sobre el desgaste de las piezas del vehículo, etc.

- Ciudades inteligentes o *smart cities*: ciudades del futuro que utilizarán toda la información disponible para optimizar la gestión de la ciudad, el aprovechamiento de los recursos y el aumento de la calidad de vida de sus habitantes. Estas ciudades empiezan a ser una realidad en nuestro mundo, donde gran parte de la población vive concentrada. Estos núcleos urbanos necesitan mejorar la gestión de los limitados recursos hidráulicos, energéticos, etc. Una *smart city* goza de una mejor movilidad, es más amable con el medioambiente, optimiza los recursos sociales disponibles, etc. Para alcanzar estas metas se recaba un gran número de información que posibilite, mediante su análisis, determinar las acciones que deben llevarse a cabo e incluso anticiparse a las necesidades de los ciudadanos. Además, las ciudades inteligentes tienen que desarrollar sistemas de comunicación con sus vecinos, no solo para obtener información, sino también para facilitarles, por ejemplo, advertencias del tráfico en tiempo real, indicaciones turísticas, etc. En octubre de 2019, se publicó el *IMD Smart Cities Index 2019*, elaborado por el Smart Cities Observatory, basándose en la percepción que los habitantes de cada ciudad tienen sobre el alcance y los impactos del esfuerzo que sus ciudades realizan para convertirse en *smart cities*. En este *ranking* de 102 ciudades a nivel mundial, aparecen 4 ciudades españolas: Bilbao (9), Madrid (21), Barcelona (48) y Zaragoza (49). En los tres primeros puestos de esta clasificación quedaron Singapur (Singapur), Zúrich (Suiza) y Oslo (Noruega).

Hasta ahora, hemos hablado de ejemplos del internet de las cosas cercanos a nuestra vida diaria y también de su aplicación en la gestión de las ciudades que habitamos. Existen otras "subcategorías" con aplicación en diversos sectores productivos:

El internet de las cosas aplicado a la industria (IIoT) permite la interconexión de diferentes dispositivos relacionados con los procesos de producción de una o varias empresas. Su objetivo es mejorar la eficacia y la seguridad. Estos sistemas gestionan de forma eficaz el control del *stock* de fabricación: el sistema detectará la necesidad de adquirir material para producir y hará la petición. Esto facilita una mejor gestión del espacio que se requiere para su almacenamiento, un seguimiento del material en la cadena de suministros, un análisis predictivo del funcionamiento de las máquinas y se anticipará a los fallos. En definitiva, mejorará la productividad, la eficacia y la rentabilidad de la industria.

Otra "subcategoría" es el **internet de las cosas aplicado a la agricultura** para optimizar el rendimiento de las explotaciones. La automatización y el análisis de información obtenida, por ejemplo, mediante sensores, nos dice en tiempo real las condiciones de humedad del terreno, la temperatura ambiente o la necesidad de riego de los cultivos. Este sistema nos permite afinar el uso de fertilizantes y establecer la cantidad idónea que debe emplearse según el estado del cultivo y obtener imágenes a través de drones del estado de las plantaciones, invernaderos inteligentes, etc.

En el campo de la medicina, el uso de dispositivos de internet de las cosas suministra información en tiempo real de la evolución del paciente y permite monitorizar el tratamiento. Esto facilita la existencia de la medicina a distancia. Un ejemplo es la utilización de sensores que se implantan en pacientes diabéticos controlando sus niveles de glucosa. Estos pacientes, a su vez, pueden estar conectados a un dispensador de insulina que de manera automática inyecte la insulina necesaria al paciente y recopile datos que son enviados al médico en tiempo real.

Sin duda, la visión que tenemos es positiva porque este fenómeno está encaminado a mejorar la calidad de vida de las personas y hacer más eficiente los sistemas de producción y el aprovechamiento de los recursos. Sin embargo, debemos plantearnos el riesgo para la privacidad del uso de estos dispositivos conectados a internet e interconectados entre sí.

En su aplicación a nivel industrial o agrícola no afecta a la privacidad, al no existir tratamiento de datos de carácter personal, sin embargo, ¿qué ocurre cuando nosotros somos los usuarios de dispositivos de internet de las cosas? Hay sectores en los que el uso de estos dispositivos está relacionado con información muy sensible. Por ejemplo, en la medicina se recaban, tratan y almacenan datos de salud. También el internet de las cosas aplicado en nuestra vida diaria colecta para los fabricantes una gran cantidad de datos que no solo usan para mejorar la experiencia del usuario, sino también para fines de *marketing* o investigación en el desarrollo de nuevas versiones mejoradas del producto.

Para entender cómo funciona el internet de las cosas, veamos un ejemplo utilizado por la Agencia Española de Protección de Datos en su publicación *La época de los regalos inteligentes* para ilustrar los riesgos y el uso que se realiza de nuestros datos:

Practicas habitualmente deporte y llevas algún tiempo buscando un dispositivo para poder valorar tu rendimiento físico y mejorar en tus entrenamientos. Finalmente, has decidido adquirir un modelo de última generación que, además de medir tu actividad deportiva, te ofrece la posibilidad de medir tu actividad física general y tu actividad diaria. Cuando lo enciendes por primera vez, compruebas que apenas te facilita la hora, la fecha y algunas funciones básicas. Tienes que conectarlo a internet y registrarte en la web del fabricante para poder disponer de otras funcionalidades y, para registrarte en la web del fabricante, completas un formulario con tus datos personales añadiendo una dirección de e-mail.

Así, sales a con tu nuevo dispositivo a montar en bicicleta por el campo y seleccionas la modalidad ciclismo de montaña para medir tu actividad y te pones en marcha. Durante el recorrido tienes un pequeño pinchazo que hace que uno de tus neumáticos pierda aire. Paras a reponer aire en tres ocasiones a intervalos de unos diez minutos y finalmente llegas a casa. El dispositivo ha registrado tu actividad tal y como deseabas, lo sincronizas con tu teléfono móvil, y este refleja la información de tu actividad y también en la web del fabricante. Puedes ver tu recorrido, tus pulsaciones y todo tipo de información.

Han transcurrido unas horas desde el final de tu entrenamiento, te relajas y entras en un conocido portal de vídeos. Los primeros videos que observas te indican cómo reparar un pinchazo. Ojeas otras páginas web, que muestran publicidad sobre neumáticos para bicicletas de montaña.

Es la denominada internet de las cosas o IoT (acrónimo de Internet of Things). El fabricante de tu dispositivo tiene perfiladas las actividades que realizas y saca conclusiones sobre los posibles

Este ejemplo, explica las implicaciones para los usuarios de la utilización de este tipo de dispositivos. Debemos ser conscientes de la cantidad de información que se está generando cuando los utilizamos: nuestra geolocalización, nuestros hábitos, nuestra forma física, nuestras rutinas de sueño, etc. Está información, en ocasiones nosotros mismos la damos voluntariamente a otros usuarios de los dispositivos, como, por ejemplo, cuando compartimos un reto y podemos ver la información de los usuarios que han hecho la misma ruta, igual que ellos pueden ver la nuestra.

El internet de las cosas tiene riesgos para la seguridad y privacidad de nuestros datos personales

Como hemos dicho, la mayoría de los dispositivos de internet de las cosas son objetos cotidianos que están conectados y que transmiten y procesan información a través de la red y, por lo tanto, son susceptibles de sufrir ataques. Estos dispositivos recolectan mucha información personal que se transmite, en ocasiones, utilizando redes inalámbricas, públicas o privadas las cuales, en demasiadas ocasiones, no cuentan con medidas de seguridad, como el cifrado de información. Esto facilita ataques tipo *"man in the middle"*, donde un tercero se sitúa como "intermediario" en la comunicación entre los dispositivos, pudiendo interceptar la información, e incluso alterarla, sin que ninguno de los usuarios sea consciente de ello.

Otro tipo de ataque se basa en las vulnerabilidades de autenticación que presentan estos dispositivos al estar configurados, en muchas ocasiones, con una contraseña por defecto que el usuario no cambia o no se puede cambiar. En otros casos, la contraseña que establece el usuario no es robusta y posibilita ataques de "fuerza bruta" ya que no resulta muy difícil descifrar la contraseña y tomar el control del dispositivo, por ejemplo, del sistema de videovigilancia instalado en nuestro hogar.

Pirateo de las cámaras de vigilancia de la casa del Vicepresidente del Gobierno Pablo Iglesias

Los medios de comunicación, a principios de abril de 2019, recogían la noticia del pirateo de la cámara que vigilaba la casa de Iglesias y Montero en la localidad madrileña de Galapagar. Las imágenes se podían ver en tiempo real en una *web* de acceso libre. Las investigaciones de la Guardia Civil llevaron hasta un servidor situado en Singapur, aunque no consiguieron desenmascarar a los autores.

La formación política Podemos recibió en octubre un correo electrónico que contenía pantallazos de la web con imágenes de la casa de Pablo Iglesias e Irene Montero en Galapagar. No se ha sabido exactamente cómo se hackeó y cuál ha sido el fallo de seguridad de la cámara de vigilancia, pero es un ejemplo de los problemas de seguridad que afectan a millones de dispositivos del llamado internet de las cosas.

En este caso el problema con la cámara de seguridad ha tenido gran difusión por la relevancia pública de Pablo Iglesias e Irene Montero. La pregunta es qué ocurre en otros casos, donde los afectados son personas sin relevancia pública. Todo esto nos lleva a reflexionar acerca de la inseguridad que rodea a muchos de los dispositivos del internet de las cosas.

Los fabricantes de estos dispositivos advierten en muchos casos de los riesgos de seguridad y señalan que uno de los fallos más frecuentes de seguridad es no configurar una contraseña distinta a la que viene por defecto.

Un grave problema es la introducción de *malware,* programas dañinos, que además pueden ser utilizados para infectar a otros equipos. En 2016, se dio a conocer el primer *malware* que demostró la vulnerabilidad de los dispositivos interconectados. Este *malware* denominado *Mirai* utilizó las contraseñas y nombres de usuario predeterminados y convirtió los dispositivos afectados en una red de *bots* para facilitar un ataque de Denegación de Servicio Distribuido (DDoS), cuyo objetivo fue colapsar los sitios *web* con tráfico de internet. Este ataque afectó a una importante empresa de alojamiento de sitios *web* e interrumpió los servicios de las *web* alojadas durante horas.

Otros *malwares* que hay que tener en consideración son los que vamos a mencionar a continuación:

Ataques de *Ransomware,* secuestro del dispositivo, que consiste en la infección del dispositivo mediante un virus que bloquea su uso. Habitualmente, va acompañado de la solicitud de un pago para desbloquearlo.

Bots de *spam*, que pretenden infectar el dispositivo y utilizarlo para dirigir y gestionar el envío masivo de correo basura.

Manipulación de las mediciones, cuyo objetivo es que el servidor proporcione información falsa o ejecute órdenes erróneas que puedan provocar un mal funcionamiento de los dispositivos conectados como la apertura de cerraduras, persianas, sistema de seguridad, etc.

Para disminuir el riesgo de ataques malintencionados debemos adoptar unas medidas básicas que nos ayuden a mantener la seguridad de nuestros dispositivos:

— Revisar la configuración que trae por defecto (dispositivos y *apps* que utilizamos para su control) y que, en la mayoría de las ocasiones, no están centradas en la seguridad y en la privacidad del usuario, sino en favorecer el uso de todas las funcionalidades del dispositivo.

— Es fundamental modificar la contraseña que esté configurada por defecto y sustituirla por una contraseña con una configuración robusta (ocho caracteres y combinación alfanumérica, con alguna mayúscula, minúscula y símbolo), así como modificarla periódicamente.

— Mantener actualizados nuestros dispositivos y las aplicaciones que utilicemos para su control.

— Siempre que sea posible, utilizar un antivirus actualizado.

— Conocer la Política de Privacidad del fabricante y las condiciones de uso del dispositivo.

Un ejemplo de los riesgos en seguridad en un campo tan sensible como la medicina es el siguiente: en julio de 2019, la Agencia Española del Medicamento y Productos Sanitarios advirtió de los riesgos en seguridad que implicaba para los pacientes el uso de determinadas bombas de insulina, ya que un *hacker* podría alterar la dosis de insulina con consecuencias nefastas. La comunicación entre la bomba de insulina y el mando a distancia, a través de radiofrecuencia, no ofrecía medidas de seguridad, pues al no estar cifrada podría ser interceptada por un tercero para activar la inyección de insulina o modificar la dosis.

Otros dispositivos objeto de ataques son los asistentes inteligentes a los que están conectados habitualmente numerosos aparatos de nuestro hogar que controlamos a través del asistente; en este caso, el ataque consiste en acceder a la configuración de los dispositivos conectados al asistente y a la información que se genera en ellos.

En conclusión, un buen uso del internet de las cosas tiene numerosas ventajas: automatiza las tareas habituales, facilita un mayor conocimiento de nuestra actividad física; optimiza entrenamientos y mejora el rendimiento físico y la salud; vigila nuestros hogares; suministra información de calidad al médico para hacer un seguimiento del tratamiento y el progreso del paciente en tiempo real; facilita la teleasistencia en la medicina; optimiza el entorno de las ciudades en las que vivimos, haciéndolas más habitables y aprovechando los recursos de los que disponemos; mejora la producción de la industria, agricultura y muchos otros sectores productivos. Ahora bien, en su uso debemos ser conscientes de los riesgos que para nuestra privacidad y seguridad puede acarrear el uso del internet de las cosas. Además de las medidas que debe tomar el sector tecnológico para incrementar la seguridad en su uso, también como usuarios debemos involucrarnos en aquellas acciones que dependen de nosotros (nuestras contraseñas de acceso, la actualización del *software*, la seguridad de las redes que utilizamos, etc). En la configuración de los dispositivos debemos solo habilitar las funciones que realmente vamos a utilizar; hemos de mirar la política de privacidad al registrar el dispositivo en la *web* del fabricante y comprobar toda la información que va a recabar de nuestros datos personales y a la posibilidad de compartirla con terceros. A partir de aquí, podemos disfrutar de las ventajas que tiene el internet de las cosas. Sin duda, su implantación será cada vez mayor en nuestra vida, entonces, seamos conscientes de ello y tengamos precaución.

Capítulo 4

¡Seamos ciudadanos cuidadosos!

Como hemos visto en capítulos anteriores, el *big data*, la inteligencia artificial y el internet de las cosas necesitan recopilar y tratar un gran volumen de datos obtenidos de diversas fuentes.

Hemos visto que estos sistemas pueden, o no, tratar datos de carácter personal, dependiendo del sector en el que estén enfocados. Así, cuando el objetivo es la mejora, la automatización y la toma de decisiones en sectores como la agricultura, los procesos industriales o el medioambiente, no hay tratamiento de datos de carácter personal.

Por el contrario, cuando hablamos de redes sociales o asistentes personales se tratan nuestros datos. También en ámbitos como los recursos humanos, o el diseño de la estrategia de *marketing* de una empresa, o en el sector financiero. Además de tratar nuestros datos, puede que nos veamos afectados por decisiones basadas en sistemas de inteligencia artificial: ser descartados de candidatos a un puesto de trabajo, que nuestro nivel de productividad no sea el adecuado, o que nos denieguen un crédito. Estas decisiones, que tienen mucha trascendencia en nuestras vidas, pueden estar encomendadas a una máquina o algoritmo. Increíble.

Para empezar, conozcamos la diferencia entre efectuar una elaboración de perfiles, o *profiling,* y la adopción de decisiones automatizadas. Ambas acciones se llevan a cabo en el marco del *big data* y la inteligencia artificial, pero, ¿en qué consiste cada una de ellas?

Elaboración de perfiles

La elaboración de perfiles suele llevar tres fases distintas:

- Recogida de datos personales.
- Análisis automatizado para buscar conexiones.
- Aplicación de las conexiones o paralelismos a una persona física para identificar características de comportamiento presente o futuro.

Dicho de otra forma, la elaboración de un perfil implica la recogida de información sobre una persona o grupo de personas y la evaluación de sus características o patrones de conducta con el fin de incluirlos dentro de una determinada categoría o grupo, especialmente para analizar o hacer predicciones sobre su comportamiento.

En esencia, se trata de automatizar el tratamiento de los datos para encontrar correlaciones y poder evaluar características de las personas físicas. En particular el perfilado quiere analizar o predecir aspectos relativos al rendimiento en el trabajo, la situación económica, la salud, las preferencias o intereses personales, la fiabilidad o el comportamiento y la situación o los movimientos del interesado.

Ejemplo de elaboración de perfiles:

Una gran cadena de supermercados ofrece una aplicación a sus clientes en la que obtienen descuentos y un trato personalizado al registrar las compras que hacen en los establecimientos de la cadena.

Al obtener las relaciones entre los datos personales (sexo, edad, etc), los productos que compra y los establecimientos a los que acude se puede hacer un perfilado.

La elaboración de perfiles es utilizada de manera creciente en el sector público y el privado. El sector bancario, los seguros, la publicidad, la asistencia sanitaria y la mercadotecnia son solo algunos de los campos donde la elaboración de perfiles está generalizada como consecuencia de los progresos tecnológicos. El incremento del uso de perfiles puede resultar de gran utilidad para la sociedad, ya que consigue una mayor eficiencia y un ahorro de recursos. No obstante, supone en algunos casos un peligro para los derechos y libertades de los ciudadanos al afianzar discriminaciones ya existentes en la sociedad. Recordemos el ejemplo del código postal tomado como elemento para evaluar la capacidad económica: ciudadanos que tienen su domicilio en determinados distritos de una ciudad pueden ser identificados como población de escasos recursos económicos y quedar excluidos de la promoción de un ventajoso producto financiero dirigido a clientes que se consideran de un estrato social más alto.

Decisiones automatizadas

Existen tratamientos de datos que tienen la capacidad de tomar decisiones por medios tecnológicos sin la participación del ser humano. Esto es lo que se llama decisiones automatizadas.

Las decisiones automatizadas pueden basarse en cualquier tipo de datos. El Grupo de Trabajo Sobre Protección de Datos del *artículo 29* de la *Directiva 95/46/CE* de la Unión Europea[4] señala los siguientes ejemplos:

— Datos ofrecidos directamente por las personas afectadas (como las respuestas a un cuestionario).

— Datos observados acerca de la personas (como los datos recogidos a través de una *app*).

— Datos derivados o inferidos, como, por ejemplo, un perfil ya existente de la persona (una calificación para obtener un crédito).

La elaboración de perfiles es algo distinto de las decisiones automatizadas, aunque la decisión automatizada puede basarse en un perfil previamente elaborado.

---

4   A partir del 25 de mayo de 2018 fue sustituido por el Comité Europeo de Protección de Datos.

Ejemplo de tratamiento automatizado:

Un cliente solicita un préstamo a una entidad bancaria, y a través de un tratamiento automatizado de los datos personales que posee el banco se traslada directamente al solicitante la decisión sin ninguna evaluación previa y significativa de un ser humano. En algunos casos, el tratamiento automático de los datos genera un perfil y la decisión sobre la concesión del préstamo se genera sobre la base de ese perfil también automáticamente y sin ninguna intervención humana.

El tratamiento de datos de carácter personal, la toma de decisiones automatizadas y la elaboración de perfiles tienen una regulación específica en la normativa en materia de protección de datos dentro del ámbito de la Unión Europea. Esto supone una limitación en el uso de esta información para las empresas, pero también una salvaguarda para los derechos de los ciudadanos.

La normativa europea, en contraposición con la legislación de otros países como China o Estados Unidos, pretende dotar a los ciudadanos de la Unión de los medios necesarios para poder disponer y controlar el uso que se realiza de sus datos por las empresas que, de algún modo, acceden a ellos. Veamos en qué consiste esa protección:

El *Reglamento (UE) 2016/679 del Parlamento Europeo de 27 de abril de 2016* relativo a la protección de las personas físicas en lo que respecta al tratamiento de datos personales y a la libre circulación de estos datos, define como "datos personales":

"Toda información sobre una persona física identificada o identificable (el interesado); se considerará persona física identificable toda persona cuya identidad pueda determinarse, directa o indirectamente, en particular mediante un identificador, como por ejemplo un nombre, un número de identificación, datos de localización, un identificador en línea o uno o varios elementos propios de la identidad física, fisiológica, genética, psíquica, económica, cultural o social de dicha persona".

Es decir, cualquier tipo de información que esté asociada a una persona identificada o que se pueda identificar tendrá el carácter de dato personal. Una gran parte de la información que se trata y se genera en el uso del *big data,* internet de las cosas e inteligencia artificial y que relacionan a personas, tratan datos que entran dentro de la consideración jurídica de "datos personales".

En nuestro país, como en el resto de países que forman parte de la Unión Europea, el tratamiento de estos datos está regulado por el *Reglamento General Europeo de Protección de Datos,* que es de aplicación directa en todos los Estados de la Unión e impone una serie de requisitos y restricciones que deberán cumplirse por quienes tratan nuestros datos (responsable del tratamiento) y, en la práctica, estos tratan de cumplir a través de sus políticas de privacidad.

Sin entrar a analizar en profundidad la normativa en materia de protección de datos, ya que no es el objeto de este libro, sí haremos mención a los requisitos más relevantes que deben ser cumplidos por los responsables del tratamiento, es decir, por quien quiera tratar los datos de carácter personal de un usuario o cliente:

Se deberá informar al usuario, en el momento de la recogida de sus datos, de los siguientes aspectos:

— Identidad del responsable del tratamiento (entidad que recaba y trata la información).

— Finalidades de los tratamientos de datos que se pretenden realizar (elaboración de perfiles, decisiones automatizadas, envío de publicidad, cesión de datos a terceros).

— Base de legitimación de este tratamiento (entre ellas, en estos supuestos serían de aplicación que los datos se traten dentro de una relación contractual o precontractual o que se haya obtenido el consentimiento del afectado).

— De las transferencias internacionales que se realicen y, en su caso, las garantías adecuadas que se han adoptado para garantizar la seguridad y garantía de los derechos de los interesados en esa transferencia internacional (un ejemplo de ello, serían las grandes tecnológicas como Google o Facebook, que transfieren los datos a su empresa matriz en Estados Unidos).

— Del periodo de retención de los datos (cuánto tiempo los van a mantener) y de los derechos que esta normativa reconoce a los interesados (derecho de acceso, de oposición, de supresión, de portabilidad...).

— Y, muy relacionado con los sistemas de inteligencia artificial, el derecho del usuario a conocer la existencia de decisiones automatizadas, incluida la elaboración de perfiles y, al menos en tales casos, información significativa sobre la lógica aplicada, así como la importancia y las consecuencias previstas de dicho tratamiento para el interesado.

Cuando nos veamos afectados en nuestra actividad cotidiana y seamos candidatos en un proceso de selección, solicitantes de préstamos en una entidad bancaria, trabajadores a cuya productividad se valora, o cuando alguien determine nuestro perfil como usuario o consumidor para enviarnos publicidad... deberán informarnos de todo lo dicho anteriormente. Además, cuando se utilicen sistemas de inteligencia artificial nos deberán informar de la lógica aplicada y el algoritmo utilizado. La importancia y consecuencias que tiene para el interesado esa decisión automatizada, es decir, si tendrá implicaciones legales o puede vetar la formalización de un contrato o la concesión de una operación financiera

Es cierto que el Reglamento Europeo establece el derecho de los ciudadanos a no ser objeto de decisiones basadas en tratamientos automatizados cuando tengan efectos jurídicos o le afecte significativamente de un modo similar. No obstante, establece importantes excepciones a esta regla general: que esta decisión automatizada sea necesaria para formalizar una relación contractual o precontractual; cuando lo establezca una ley del estado en concreto o de la Unión Europea; o cuando el usuario haya consentido.

Teniendo en cuenta la normativa aplicable en la Unión Europea y las garantías y derechos que nos otorga como usuarios o interesados, debemos hacer uso de nuestra responsabilidad a la hora de facilitar nuestros datos, registrarnos en redes sociales, páginas *web* o cuando damos de alta algún dispositivo de internet de las cosas: robot de cocina, barredora, etc.

El usuario muchas veces no es consciente de ello. Es confiado, pero cuando se registra en una red social, por ejemplo, está consintiendo el tratamiento de sus datos con diversas finalidades, entre ellas, muchas veces, la elaboración de perfiles y el uso de sistemas automatizados.

Un ejemplo de ello, este extracto de la Privacidad de Facebook una de las redes sociales con millones de usuarios en el mundo, veámoslo:

¿Qué tipo de información recopilamos?

Lo que tú y otras personas hacen y proporcionan.

- Información y contenido que nos proporcionas. Recopilamos el contenido, las comunicaciones y otros datos que proporcionas cuando usas nuestros productos. Por ejemplo, cuando te registras para crear una cuenta, creas o compartes contenido, y envías mensajes a otras personas o te comunicas con ellas. Esto puede incluir información en el contenido, o sobre él, que proporcionas (como los metadatos), por ejemplo, la ubicación de una foto o la fecha de creación de un archivo.

Nuestros sistemas tratan automáticamente el contenido y las comunicaciones que tú y otras personas proporcionan para analizar el contexto y lo que incluyen en relación con los propósitos que se describen a continuación.

— Redes y conexiones. Recopilamos información sobre las personas, las páginas, las cuentas, los *hashtags* y los grupos a los que estás conectado y cómo interactúas con ellos a través de nuestros productos, como las personas con las que más te comunicas o los grupos de los que formas parte.

— Información de los dispositivos y Productos de Facebook. Vinculamos la información sobre tus actividades en diferentes dispositivos y Productos de Facebook para proporcionar una experiencia más personalizada y uniforme en todos ellos, donde sea que los uses.

— Fomentamos la seguridad, la integridad y la protección.

Por ejemplo, usamos los datos que tenemos para investigar actividades sospechosas o incumplimientos a nuestras condiciones y políticas o para detectar si una persona necesita ayuda.

Hacíamos referencia a la protección que supone la existencia de una normativa europea que pretende poner límites al tratamiento de datos personales de los usuarios.

Esta normativa pone a disposición de los ciudadanos herramientas que les permiten tener control sobre sus datos a través de la información que deben facilitarnos. Entre estas herramientas se encuentran la necesidad de otorgar el consentimiento para tratar esos datos y la posibilidad de acudir a un organismo encargado de velar por el cumplimiento de esta normativa cuando consideremos que se han vulnerado nuestros derechos[5]. Ahora bien, qué ocurre si estos datos terminan en empresas matrices situadas fuera de la Unión Europea porque los usuarios, siendo conscientes de ello o no, lo han autorizado. Esta es una situación no excepcional en este uso masivo de datos de los usuarios, son las transferencias internacionales de datos que las tecnológicas como Facebook o Google efectúan desde la Unión Europea a sus empresas matrices en Estados Unidos, donde existe una normativa más laxa a la hora de proteger el derecho a la privacidad de los titulares de los datos.

Esta situación ha quedado de manifiesto con la resolución del Tribunal de Justicia de la Unión Europea[6], que ha declarado nulo el *Acuerdo de Puerto Seguro* formalizado por el Departamento de Comercio de Estados Unidos y aprobado en el año 2015 por la Comisión Europea. Este acuerdo permitía a las empresas estadounidenses que se autocertificaban en él recibir datos personales facilitados por empresas situadas en la Unión Europea a cambio de aplicar garantías equiparables a las exigidas por la normativa europea.

---

5   En España, la Agencia Española de Protección de Datos (www.aepd.es)
6   Sentencia del TJUE (16/07/2020) asunto C-311/18

Sin entrar a analizar esta resolución judicial, si queremos hacer mención a las conclusiones que en ella el alto tribunal recoge y que pone de manifiesto la falta de protección para el usuario cuando pierde el control sobre su información y esta puede terminar en empresas ubicadas fuera de la UE:

— Reclamación presentada por Mr. Schrems, nacional austríaco y usuario de Facebook desde 2008. Presentó una reclamación ante la autoridad irlandesa de control en la que solicitaba, esencialmente, que se prohibieran las transferencias de sus datos personales desde Facebook Ireland a servidores pertenecientes a Facebook Inc., situados en el territorio de Estados Unidos, donde son objeto de tratamiento por la falta de protección existente para el titular de los datos cuando el tratamiento de estos se efectuaba por empresas ubicadas en EE.UU, en concreto, por Facebook.

— El TJUE, al declarar nulo el acuerdo de *Escudo de Privacidad*, estableció que *"la primacía de las exigencias relativas a la seguridad nacional, el interés público y el cumplimiento de la ley estadounidense posibilitan injerencias en los derechos fundamentales de las personas cuyos datos personales se transfieren a ese país"*.

Facebook amenaza con abandonar la UE si se le prohíbe transferir datos de usuarios europeos a EE.UU.

El gigante tecnológico Facebook amenaza con dejar de prestar servicio en el territorio de la Unión Europea si se hace efectiva la prohibición de transferencia de datos personales de los usuarios europeos hacia el territorio de los Estados Unidos.

La amenaza de Facebook viene cuando la autoridad reguladora de protección de datos de Irlanda, país donde la compañía tiene su matriz europea haya urgido a que deje de transferir datos desde el bloque comunitario hacia Estados Unidos.

El Tribunal de Justicia de la Unión Europea (TJUE) sentenció en contra del acuerdo sellado para la transferencia de datos de ciudadanos europeos a Estados Unidos, conocido como *Privacy Shield,* o *Escudo de privacidad,* al considerar que no garantiza el nivel de protección que existe en la Unión Europea.

La justicia europea considera que el acuerdo que permite el envío de datos de usuarios europeos a Estados Unidos para fines comerciales carece de cortapisas para el uso de los mismos en determinados programas de vigilancia.

Aunque la orden ha sido emitida por la autoridad de regulación irlandesa, sus consecuencias se extienden a toda la Unión Europea. En consecuencia los datos de los ciudadanos europeos deben quedarse en Europa y no transferirse a los servidores de la compañía en Estados Unidos. Esto supone una limitación importante al negocio de Facebook con los datos de los usuarios europeos.

Como estamos viendo debemos ser desconfiados y cuidadosos con el uso que se hace de nuestros datos y de toda la información que compartimos con terceros. Es importante conocer la **política de privacidad** de estas empresas y otorgar o no el consentimiento para aquellos tratamientos de nuestros datos que lo requieran. Deberíamos ser los primeros interesados en salvaguardar nuestra privacidad y el uso correcto de nuestros datos. Los escándalos sobre la práctica irregular del uso de datos están ahí. En nuestro propio día a día observamos y nos preguntamos por qué recibimos una llamada para ofrecernos una tarjeta de crédito, o cualquier otro producto o servicio, cómo han conseguido mis datos, mi teléfono, etc.

> **Noticia publicada en La Vanguardia el 7/11/2019:**
> *Facebook usó, entre 2011 y 2015, datos personales de sus usuarios como moneda de cambio para negociar y manipular a competidores...Las filtraciones revelan que Facebook proporcionaba datos personales de usuarios solo a aquellos desarrolladores que contratan publicidad a la red social a través de una empresa subsidiaria o a aquellos que no representaban una amenaza para la red social. Esto supondría, por un lado, una forma de engañar a los propios usuarios sobre su privacidad, una forma de monetizar esta información, y una práctica que atentaría contra la libre competencia, ya que secretamente se favorecía a determinadas empresas.*

Capítulo 5
Sociedad Panóptica: el ojo que todo lo ve.

El adjetivo panóptico/a está definido en el diccionario de la Real Academia Española de la Lengua de una forma muy aséptica: *Dicho de un edificio: Construido de modo que toda su parte interior se pueda ver desde un solo punto. El término deriva etimológicamente de pan- (gr. παν) "todo"y optikós (gr. όπτικός)*"óptico".

Jeremy Bentham, filósofo, economista, jurista, pensador y escritor inglés del siglo XVIII, estudió la reforma penitenciaria de la época y propuso un modelo de cárcel llamado el *panopticón*. La idea de este modelo de estructura carcelaria se fundamentaba en que desde un punto central se pudiesen vigilar todas las celdas, sin que el recluso sepa si está siendo vigilado o no en ese momento. La pretensión es conseguir que el propio recluso se vigile a sí mismo por interiorización.

El panóptico, en sí mismo, es una estructura arquitectónica pensada para cárceles y prisiones. Consiste en una edificación circular de celdas en torno a un punto central, una torre de vigilancia, desde donde los reclusos pueden ser observados y controlados en sus comportamientos de una manera fácil.

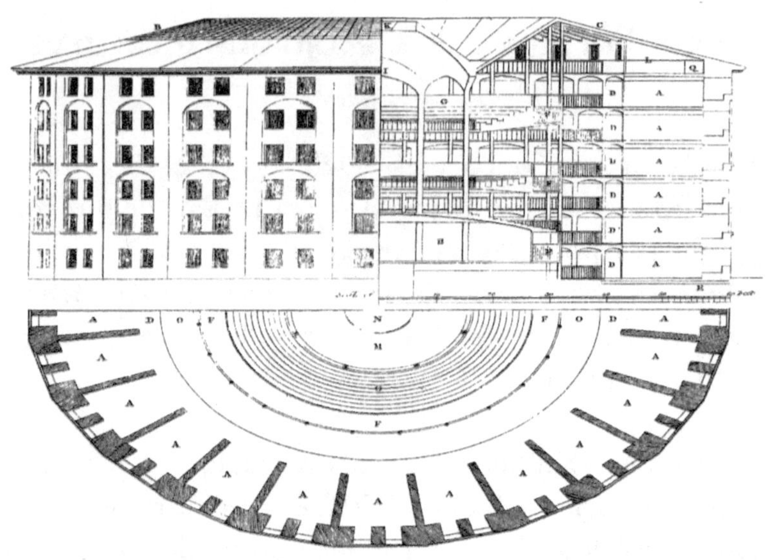

Diseño del *panopticón* de Bentham

El filósofo francés Michel Foucault publicó en 1975 su obra *Vigilar y castigar*. En ella recogió el término de panóptica aplicado a un modelo de sociedad donde el individuo autodisciplina su comportamiento para adaptar su conducta a las exigencias de lo considerado como correcto por el poder.

El hecho de que la vigilancia sea invisible, aunque perceptible, y que los individuos no sepan si en un momento concreto están siendo observados o no, motiva que su comportamiento siga las pautas establecidas aunque realmente no estén siendo vigilados

¿Paraíso digital?

—La República Popular China va camino de ser la primera *datocracia* de la historia. Hay varios cientos de millones de cámaras de vigilancia, muchas de ellas con un sistema de reconocimiento facial muy efectivo. Los datos de reconocimiento se podrán almacenar y estar disponibles en una gran base de datos de reconocimiento con capacidad para almacenar información de los 1 300 000 000 de ciudadanos.

—Todo este despliegue tecnológico tiene la finalidad de introducir un sistema de crédito social que permita una evaluación de los ciudadanos teniendo en cuenta su conducta. El ciudadano que es crítico con el régimen, incumple las normas de circulación, compra alimentos poco sanos o tiene una vida no acorde con las pautas sociales y morales... pierde puntos. El tener un saldo con suficientes puntos posibilita un visado o créditos baratos. Tener menos puntos de los que se considera aceptable genera problemas, incluso la pérdida del trabajo.

—En China es posible esta vigilancia social porque se produce un irrestricto intercambio de datos entre los proveedores de Internet y de telefonía móvil y las autoridades. Prácticamente no existe la protección de datos. En el vocabulario de los chinos no aparece el término "esfera privada".

—Debemos aclarar que las conductas que se castigan en este sistema de créditos no son conductas constitutivas de delito. Se juzga, haciendo acopio de datos, al ciudadano que no cumple expectativas sociales o morales.

—El sistema no es tan novedoso. Había algo parecido en España, sin el componente tecnológico. Los Tribunales de Honor existieron en nuestro país hasta que fueron prohibidos en el artículo 26 de la Constitución de 1978. En ellos se juzgaban comportamientos considerados indignos. Estos Tribunales de Honor podían separar del servicio a funcionarios y militares, o sancionar con la expulsión a los miembros de los colegios profesionales. Los hechos que se juzgaban no eran constitutivos de delito, para eso estaban los tribunales ordinarios. Se castigaban conductas consideradas indignas. El Tribunal de Honor estaba formado por compañeros del propio acusado.

Seguridad o libertad

Un peligro real es que el Estado, e incluso corporaciones o grupos para-mafiosos, tengan la capacidad y la posibilidad de rastrear a los ciudadanos de forma oscura. La pregunta es si una vez legitimado el rastreo por motivos sanitarios o de prevención del terrorismo, no debemos estar especialmente alerta a que no se extienda por motivos políticos, religiosos o en nombre de un abstracto bienestar común.

En países asiáticos, como China, de tradición confuciana, donde el individuo está subordinado al colectivo, los métodos que limitan las libertades se aceptan de modo casi natural. El poder vela por el interés general, que está claramente encima de los individuos. En nuestra cultura política occidental hay una desconfianza hacia el poder y sus posibles desviaciones. John Emerich Edward Dalberg-Acton, conocido como Lord Acton, (10/01/1834-19/06/1902), historiador y político inglés, es famoso por haber acuñado el conocido aforismo "El poder tiende a corromper y el poder absoluto corrompe absolutamente" (*Power tends to corrupt, and absolute power corrupts absolutely*). Esta sentencia refleja la cultura política occidental.

Filósofo coreano afincado en Berlín

En un interesante artículo publicado en *El País* en plena crisis del Covid- 19, el filósofo coreano residente en Berlín, Byung-Chul Han, hace una reflexión acerca de las ventajas del sistema asiático, en comparación al europeo, para combatir la pandemia. Sus reflexiones tienen un alcance más general que la crisis sanitaria. Esas ventajas derivarían de su tradición cultural, el confucianismo. Las personas en Asia son más obedientes que en Europa y la vida cotidiana está organizada más estrictamente. Existe menos desconfianza hacia el estado. Hay una apuesta fuerte por la vigilancia digital. *"Se podría decir que en Asia las epidemias no las combaten solo los virólogos y epidemiólogos, sino sobre todo, también, los informáticos y los especialistas en macrodatos. Un cambio de paradigma del que Europa todavía no se ha enterado. Los apologetas de la vigilancia digital proclamarían que el* big data *salva vidas humanas".*

Podemos pensar que vivimos en Europa y que el control y vigilancia que se efectúa en China, utilizando el *big data* y las nuevas tecnologías, es extraño a nosotros. Aunque tal vez la realidad sea otra y aquí, hasta ahora, el control ha sido más sutil; más encubierto, aunque está sutileza y encubrimiento puede cambiar en cualquier momento. ¿Cuántos datos personales somos capaces de darles a empresas y corporaciones para que comercien con ellos y hagan un perfilado de nuestros deseos, ansiedades, debilidades?

En la época del *big data* y con el uso de la inteligencia artificial, la crisis sanitaria del Covid-19 ha puesto sobre el tapete la tensión entre nuestras libertades individuales (donde incluyo el derecho a la privacidad, y el uso masivo de datos personales y restricciones de todo tipo para controlar la epidemia) y el bienestar, la seguridad, etc. Estamos hablando del difícil equilibrio entre libertad y seguridad, que ya se planteó con el surgimiento del terrorismo: sentirnos a la vez cuidados y ciudadanos libres.

El dilema existencial que se nos plantea es: ¿qué cantidad de libertad estamos dispuestos a perder para preservar nuestra seguridad individual y colectiva? La respuesta no es fácil. Es indudable que para la existencia de la civilización es necesario un cierto grado de control, de prohibiciones, la aceptación de un grado de represión que haga posible la vida comunitaria. Por otro lado, vivimos y asumimos el riesgo como parte de nuestra existencia cotidiana. El riesgo es inherente a nuestra vida. Salir a la calle, ir de vacaciones, tener pareja, hijos, etc. son opciones de riesgo. No hay vida sin riesgo. ¿Cuál es la cantidad mínima de represión y pérdida de libertad para asumir un riesgo aceptable y compatible con la existencia de la civilización, el bienestar y el progreso personal y social? Este es un debate que debemos afrontar en algún momento de este cambio. Los autores de este libro tenemos una opinión muy clara, sólida y no líquida: defender los derechos y libertades individuales, el uso ético de las nuevas tecnologías para producir bienestar a la humanidad y un equilibrio que tenga en su centro al ser humano.

Grandes iconos de nuestra sociedad actual como la seguridad, la salud y la prosperidad económica están siendo afectados y son una preocupación para el ciudadano. Las personas, las familias y los ancianos se plantean la salida a la pandemia del Covid-19 y cómo será el futuro. Esta situación, entendible, explica la falta de preocupación por los derechos y libertades de los ciudadanos. Digamos que existe una jerarquía y que los valores que afectan a las libertades no están entre las preocupaciones inmediatas de muchos ciudadanos. Sin embargo, es un hecho histórico que las libertades se pueden ver afectadas por las epidemias. Daniel Defoe en el *Diario del año de la peste*, (publicado en 1722), relata como en la epidemia de peste bubónica se establecieron cordones sanitarios en la ciudad de Londres que impedían a los sospechosos de estar contagiados salir de sus casas y como había guardias vigilando para que cumplieran el confinamiento. La libertad ha sido a menudo una de las víctimas de las pandemias.

Opacidad y transparencia

Además, tengamos en cuenta que los algoritmos, la inteligencia artificial y las nuevas tecnologías que ordenan y sacan conclusiones de esa ingente y variada cantidad de datos que llamamos *big data* no son asépticos; no están más allá del bien y del mal. Detrás de las respuestas que da una máquina, hay una persona; detrás de esa persona suele haber una empresa o una organización. Las compañías de seguros, la banca y otros muchos sectores toman ya muchas decisiones basadas en perfiles o en tratamientos automatizados de datos, o en la mezcla de ambos. Los gigantes empresariales a nivel global (Amazon, Facebook, Google, etc.) se dedican a la recogida masiva y a gran escala de nuestros datos para tratarlos y venderlos, obteniendo así grandes ganancias. Estos datos son los que alimentan las decisiones que nos afectan.

Su objetivo, en muchos casos, es conocer nuestros deseos, ilusiones, debilidades y temores antes y mejor que nosotros mismos. Quieren conocer los "demonios" que llevamos dentro y apoderarse de ellos. Estos algoritmos, en algunos casos mal diseñados y profundamente injustos, están cada vez más presentes en nuestro día a día. Afectan a nuestros derechos, al acceso a bienes y servicios, a nuestra empleabilidad. Son opacos, incuestionables y se olvida a menudo que al otro lado del perfil o de la decisión automatizada hay una persona.

Esto nos lleva a la necesidad de desarmar los efectos nocivos de las tecnologías y apostar por que estén al servicio del ser humano, sobre todo cuando el algoritmo se utiliza para realizar una acción social que antes ejercía una persona. Es muy importante implementar transparencia para saber qué está ocurriendo.

En 2016, Cathy O'Neil publicó un libro denunciando la falta de ética que supone el que aspectos trascendentes para las personas sean decididos por un algoritmo. La autora es doctora en matemáticas por Harvard, científica de datos y exanalista de la banca de inversión en EEUU. El libro se ha publicado en español con el título de *Armas de Destrucción Matemática*. En él se alerta como el *big data* aumenta las desigualdades sociales y amenaza la democracia.

En la era del *big data* y las nuevas tecnologías, un programa informático tiene la capacidad de seleccionar y clasificar en pocos segundos miles de currículos o solicitudes de préstamo indicando cuales son las personas más fiables para obtener un crédito o el puesto de trabajo. Además, estos programas se presentan como objetivos y asépticos, ya que no intervienen seres humanos con sus prejuicios y errores. La realidad, expone Cathy O'Neil, es otra muy distinta: muchos de estos modelos programan los prejuicios, las equivocaciones y los sesgos humanos en los sistemas informáticos que dirigen nuestras vidas. Al estar bajo la cobertura moral de las matemáticas o la estadística, los veredictos se convierten en indiscutibles e inapelables, y aunque sean perjudiciales o equivocados, no se cuestiona su validez, pues son confortables para la organización. Alguien ha validado el algoritmo, en la mayoría de los casos no sé sabe quién, y las decisiones tomadas por este tienen una legitimidad incuestionable, pues las matemáticas son una ciencia exacta.

No hace mucho, el director de la oficina bancaria estudiaba el historial financiero del cliente, contaba con el conocimiento directo de la persona que solicitaba el préstamo y con todo ello evaluaba y decidía la concesión del crédito. El sistema tenía equivocaciones, pero ¿es justo que las decisiones sobre aspectos trascendentes de la vida de una persona se tomen exclusivamente por un modelo predictivo sobre la base de un puñado de datos? ¿Cuáles son esos datos que se han utilizado para determinar la solvencia crediticia? ¿Es justo que un código postal, por ejemplo, pueda influir para analizar la solvencia económica de una persona y denegar un préstamo?

El problema de estos modelos predictivos es la falta de control. En muchas ocasiones, simplemente reproducen imparcialidad y reflejan las opiniones, prejuicios y prioridades de sus creadores. No son más que opiniones integradas en las matemáticas, no son matemáticas, aunque se presenten con un halo científico para estar por encima del bien y del mal. No hemos eliminado el error humano, lo hemos camuflado en la tecnología.

Chathy O'Neil pone la atención en los riesgos que los perfiles y las decisiones automatizadas tienen para los derechos y libertades de los ciudadanos y en la necesidad de establecer garantías adecuadas. ¿Es este temor real o exagerado?

Minority Report: ¿Ciencia ficción?

Minority Report es una película estadounidense de ciencia ficción de 2002 dirigida por Steven Spielberg basada en un relato corto de 1956 de Philip K. Dick titulado *El informe de la minoría.* La cinta está protagonizada por Tom Cruise, Colin Farrell, Samantha Morton y Max von Sydow, entre otros.

Sinopsis: Washington DC, año 2054. El capitán John Anderton es jefe de una fuerza policial llamada PreCrime que utiliza tecnología psíquica para arrestar y enjuiciar a los asesinos antes de que cometan un crimen. Tres mutantes, dos hermanos gemelos varones y una mujer tienen la habilidad de predecir el futuro. Los culpables son detenidos por la policía antes de que puedan delinquir. El éxito del sistema es espectacular; en seis años se han evitado muchísimos delitos en Washington DC y las tasas de criminalidad son prácticamente nulas. El sistema se quiere extender a todo EEUU.

¿Big data para prevenir la delincuencia?

— Existen algunos *softwares* comerciales para ser usados por las policías de cualquier parte del mundo cuya finalidad es prevenir la delincuencia; se utiliza actualmente en varios estados y ciudades de Estados Unidos y también en los Países Bajos y otras ciudades europeas.

— A través del algoritmo que utilizan se delimitan las áreas de la ciudad donde se presume más probable la comisión de delitos en cada momento. Esto permite a la policía gestionar sus recursos de la forma más eficiente posible para evitar la criminalidad.

— Estos aplicativos señalan cuadrados en el mapa que los agentes deben visitar más intensamente durante su patrulla cuando no estén atendiendo otras emergencias.

— Varios Estados de la Unión Europea están investigando o aplicando de forma diversa algoritmos predictivos para combatir la delincuencia.

— La pregunta que surge es si estos sistemas se aplican solo a los marginales. ¿Qué pasa con los delitos financieros, de corrupción y blanqueo de capitales? ¿Están contemplados por algún algoritmo? ¿Estamos seguros de que los algoritmos no tienen sesgos que señalan a la pobreza, estigmatizan la marginalidad o la discriminación racial?

— El 26 de junio de 2019, el Real Instituto Elcano publica un artículo con el título *Prevención del crimen y predicción de delitos: ¿en qué punto está España?* En el artículo el término técnico que se utiliza es *predictive policing*, o análisis predictivo, es decir el *"uso de técnicas de análisis, en particular técnicas cuantitativas, para identificar objetivos potenciales que requieren la intervención policial, además de prevenir delitos o resolver crímenes pasados mediante pronósticos estadísticos"*. Aunque el artículo señala que el sistema se basa en el principio de repetición, según el cual los delincuentes tienden a desarrollar un comportamiento reiterativo cuando su metodología criminal resulta ser eficaz. Nos inclinamos a pensar que bajo el eufemismo de principio de repetición estamos hablando de algoritmos; en cualquier caso no se aclara que comportamientos o elementos se tienen en cuenta para establecer ese principio de repetición y a qué tipo de delitos se refieren. Dudamos que en el algoritmo se contemplen todos los tipos penales y nos inclinamos a pensar que van a primar las conductas vinculadas a la marginalidad. El artículo señala que, en el caso de España, tanto la Guardia Civil como la Policía Nacional han mostrado interés en el fenómeno, si bien su desarrollo todavía se encuentra en una fase preliminar y ningún sistema operativo ha sido aplicado de manera permanente a nivel nacional o local. El artículo añade que el primer programa de análisis predictivo español, el *EuroCop Pred-Crime*, fue desarrollado en 2011 por la empresa *EuroCop Security Systems* en colaboración con la Universidad Jaume I de Castellón. Se trata de un modelo matemático, agrega el artículo, que, utilizando múltiples fuentes de información, (incluyendo expedientes policiales, datos socioeconómicos, urbanísticos y geográficos), genera mapas de calor con el fin de identificar las zonas en donde es más probable que pueda tener lugar un delito. Aquí nos encontramos de nuevo con las matemáticas como fuente de legitimidad de los algoritmos. Las matemáticas no crean algoritmos de forma espontánea; detrás de un algoritmo hay una persona que a menudo traspasa sus prejuicios al mismo. También puede estar detrás de dichos algoritmos una empresa con intereses comerciales. El caso es que no podemos olvidar la dignidad de las personas. Dicho programa fue testado en 2016 en dos cuerpos de Policía Local.

El uso de las nuevas tecnologías genera muchas esperanzas y plantea muchos interrogantes que requieren estudio, reflexión y compromiso por parte de la industria, los gobiernos, las organizaciones internacionales y la sociedad civil. Se trata de basar su desarrollo y utilización buscando el bienestar y beneficio del ser humano. Su uso no debe servir para acentuar las diferencias ya existentes entre países o entre sectores de la población que ya sufren una marginación que puede verse agravada.

Capítulo 6

Preocupaciones y reflexiones éticas

Las nuevas tecnologías, el internet de las cosas, la inteligencia artificial y el *big data* recopilan, almacenan, gestionan y utilizan ingentes cantidades de datos. Estos avances van a tener, y están teniendo ya, una gran influencia en nuestra forma de vivir y de afrontar el mundo, en nuestra privacidad, en seguridad, en nuestra intimidad y en la forma de relacionarnos. Somos optimistas, pues los cambios tecnológicos pueden ayudar a solucionar grandes y eternos problemas de la humanidad como la pobreza, la enfermedad o la tiranía. No nos dejamos llevar por creencias catastrofistas que estigmatizan a las nuevas tecnologías y sus aplicaciones como el supremo mal entre todos los males.

Somos optimistas, pero no ingenuos: somos conscientes de los riesgos. El mayor peligro está en el ciudadano de a pie que no asume sus compromisos personales y sociales y delega de manera ingenua sus responsabilidades. El ser humano de esta época debe ser consciente y exigir que los avances tecnológicos beneficien a toda la sociedad. Una máquina o algoritmo debería seguir los mismos compromisos y conductas que son requeridos a una persona al hacer su trabajo: responsabilidad, transparencia e incorruptibilidad. Estos aspectos son aún más necesarios si la máquina o el algoritmo están diseñados para desempeñar una tarea que antes era ejecutada por un ser humano. Esto nos lleva directamente a que existan principios éticos claros presentes desde el acceso y recopilación de los datos, hasta el control y revisión de los resultados. La preocupación y el debate sobre la ética del uso de los datos es un tema candente en estos momentos debido al aumento del potencial del *big data* y los avances tecnológicos.

¿Qué es un mal uso de los datos y algoritmos? Un mal uso es el que infringe la dignidad intrínseca del ser humano. Vamos a concretar dicha dignidad en el respeto a una divisa de gran belleza: libertad, igualdad y fraternidad; valores de hoy y de siempre. Esta universalidad de valores solo es factible cuando están relacionados con aspectos innatos de la naturaleza humana, o sea, cuando son valores aplicables a todos los seres humanos en cualquier tiempo y lugar. Llegado a este punto, es ineludible hablar de la denominada *regla de oro*, entendida como un principio que vamos a expresar así: *"trata a los demás como querrías que te trataran a ti"*; o *"no hagas a los demás lo que no quieras que te hagan a ti"*. Esta regla se encuentra bajo distintas formulaciones en prácticamente todas las culturas, religiones y filosofías. Es una regla fundamental. La mención al oro se hace por su valoración como metal precioso y de gran valor. La *regla de oro* no preconiza determinadas conductas o impone valores concretos, sino que es inspiradora de las relaciones humanas. La Ilustración y la filosofía moderna convierten la regla de oro en el fundamento de la ética y la despojan de su sentido religioso; la razón desplaza a la superstición y al mandato divino. Se habla ahora de la existencia de unos principios universales de convivencia que todos los hombres pueden compartir. Estamos hablando de leyes universales, de valores absolutos, y no de un medio sujeto a condición. La dignidad constituye un valor supremo que solo es posible con libertad, igualdad y fraternidad entre todos los seres humanos.

Estamos ante escenarios nuevos: la ética aplicada al tratamiento de datos y las nuevas tecnologías. Hablamos de algo revolucionario: ética aplicada también a sujetos que no son humanos, como máquinas, algoritmos, *big data* e inteligencia artificial.

El tema ético de los diseños tecnológicos aparece tempranamente, en 1942, en un relato de ciencia ficción, *Círculo Vicioso*, del conocido escritor Isaac Asimov, quien formuló por primera vez las tres leyes de la robótica que se aplicaron en la mayor parte de sus relatos como medida de protección frente a unas máquinas que hipotéticamente pudieran rebelarse y alzarse contra sus creadores. Al intentar siquiera desobedecer una de las leyes, el robot resultaría dañado irreversiblemente y "moriría". Las tres leyes son:

1. Un robot no hará daño a un ser humano o, por inacción, permitirá que un ser humano sufra daño.

2. Un robot debe cumplir las órdenes dadas por los seres humanos, a excepción de aquellas que entrasen en conflicto con la primera ley.

3. Un robot debe proteger su propia existencia en la medida en que esta protección no entre en conflicto con la primera o con la segunda ley.

Llamamiento de Roma 2020: la algor-ética. Ética en el mundo del algoritmo

El Vaticano ha propuesto una de las iniciativas más relevantes en este movimiento al poner la ética en el centro de la discusión. La Pontificia Academia para la Vida ha lanzado un documento para apoyar el enfoque ético de la Inteligencia Artificial y las nuevas tecnologías. El documento denominado *Llamamiento para una Ética de la Inteligencia Artificial* fue firmado a finales de febrero de 2020 en Roma por la mencionada Academia Pontificia para la Vida, Microsoft, IBM, la Organización de las Naciones Unidas para la Alimentación y la Agricultura (FAO) y el Gobierno italiano.

El *Llamamiento de Roma (Rome Call)*, propone *"promover un sentido de responsabilidad compartida entre organizaciones, gobiernos e instituciones con el objetivo de asegurar un futuro en el que la innovación digital y el progreso tecnológico estén al servicio del genio y la creatividad humana y no su sustitución gradual"*.

El llamamiento promueve el desarrollo de la inteligencia artificial de acuerdo con seis principios, aplicables a todo el progreso tecnológico:

1. **Transparencia.**

2. **Inclusión.** Deben tenerse en cuenta las necesidades de todos los seres humanos para que todos puedan beneficiarse de las mejores condiciones posibles para expresarse y desarrollarse.

3. **Responsabilidad.** Quienes diseñen y apliquen soluciones de inteligencia artificial deben proceder con responsabilidad y transparencia.

4. Asimismo, la **imparcialidad** es relevante. No se debe crear ni actuar de acuerdo con prejuicios, salvaguardando siempre la equidad y la dignidad humana.

5. La **fiabilidad.** Los sistemas de inteligencia artificial deben poder funcionar de manera fiable.

6. **Seguridad y privacidad.** Los sistemas de inteligencia artificial deben funcionar de manera segura y respetar la privacidad de los usuarios.

El llamamiento fue firmado por monseñor Vincenzo Paglia, presidente de la Academia Pontificia para la Vida (patrocinador de la iniciativa); el doctor. Brad Smith, presidente de Microsoft; el doctor John Kelly III, vicepresidente ejecutivo de IBM; el doctor Dongyu Qu, director general de la FAO; y la ministra Paola Pisano representante del Gobierno italiano. Asistió también el doctor Davide Sassoli, presidente del Parlamento Europeo.

En los actos fue leído el discurso que el Papa Francisco había elaborado para la ocasión. En el discurso se destacaba que en un futuro se podrían dejar demasiadas decisiones a una inteligencia artificial que no respetase la dignidad de cada persona humana, especialmente la de los más débiles, los que "no cuentan".

El Papa advirtió que en el ámbito socioeconómico *"los usuarios suelen quedar reducidos a consumidores, esclavos de intereses privados concentrados en manos de unos pocos"*. A partir de los rastros digitales difundidos en internet, los algoritmos extraen datos que permiten controlar los hábitos mentales y relacionales, con fines comerciales o políticos, a menudo sin nuestro conocimiento.

Se trata de una asimetría por la cual *"unos pocos saben todo sobre nosotros, mientras que nosotros no sabemos nada sobre ellos"*, lo cual *"adormece el pensamiento crítico y el ejercicio consciente de la libertad"*. El resultado de ello es que las *"desigualdades se amplifican inconmensurablemente y el conocimiento y la riqueza se acumulan en pocas manos, con graves riesgos para las sociedades democráticas"*.

Por ello, el Papa recuerda la necesidad de *"madurar fuertes motivaciones para perseverar en la búsqueda del bien común, incluso cuando no hay un beneficio inmediato que se pueda obtener de ello"*.

La inteligencia artificial, escribe el Papa, *"está en el corazón mismo del cambio de época que estamos atravesando, puesto que, de hecho, la innovación digital toca todos los aspectos de la vida, tanto personales como sociales"*.

La Unión Europea y la ética de las nuevas tecnologías

Afortunadamente, la preocupación por las nuevas tecnologías está muy presente en la Unión Europea que intenta unir el progreso tecnológico con un fuerte fundamento ético. La tecnología, los algoritmos, los robots, el *big data...* deben estar sometidos a unos claros principios éticos, y la Unión Europea apuesta fuertemente por la protección de los derechos y libertades de los ciudadanos europeos en el ámbito de las nuevas tecnologías.

La Unión Europea es un buen ejemplo de organización política que está dedicando esfuerzos e imaginación para impulsar las nuevas tecnologías y proteger a sus ciudadanos.

El 25 de abril de 2018, la Comisión Europea efectuó un comunicado denominado *Inteligencia artificial en Europa*, *COM(2018) 237*. La base del comunicado es la idea de que la forma de abordar la cuestión de la inteligencia artificial definirá el mundo en el que vamos a vivir. El planteamiento es aprovechar al máximo las oportunidades que brinda la inteligencia artificial y abordar los nuevos retos que conlleva.

La comisión plantea que las nuevas tecnologías deben estar basadas en valores, y que esos valores al generar confianza constituyen una ventaja competitiva. El cambio se quiere emprender sobre la base de los valores de la Unión Europea. La UE debe asegurarse de que la inteligencia artificial se desarrolle y aplique en un marco adecuado, que promueva la innovación y respete los valores y derechos fundamentales de la Unión, así como principios éticos tales como la obligación de rendir cuentas y la transparencia. Todo esto es lo que va a permitir a la UE afirmar su diferencia y ser el adalid de un planteamiento con respecto a la IA que beneficie a las personas y a la sociedad en su conjunto.

Posteriormente, la Comisión publicó otra comunicación, *COM(2019) 168*, que acogía favorablemente siete requisitos esenciales para la IA contemplados en las directrices del grupo de expertos de alto nivel, a saber:

- Acción y supervisión humanas.
- Solidez técnica y seguridad.
- Gestión de la privacidad y de los datos.
- Transparencia.
- Diversidad, no discriminación y equidad.
- Bienestar social y medioambiental.
- Rendición de cuentas.

Libro Blanco

La *Comisión Europea* el 19 de febrero de 2020 dio a conocer el *Libro Blanco sobre la inteligencia artificial, un enfoque europeo orientado a la excelencia y la confianza*, COM(2020).

El mencionado *Libro Blanco* contiene un apartado que se refiere a los riesgos para los derechos fundamentales, especialmente para la protección de los datos personales, la privacidad y la no discriminación. Por su interés lo reproducimos textualmente:

— *"El uso de la inteligencia artificial puede afectar a los valores sobre los que se fundamenta la UE y provocar la conculcación de derechos fundamentales, como la libertad de expresión, la libertad de reunión, la dignidad humana, la ausencia de discriminación por razón de sexo, raza u origen étnico, religión o credo, discapacidad, edad u orientación sexual y, en su aplicación en determinados ámbitos, la protección de los datos personales y de la vida privada, el derecho a una tutela judicial efectiva y a un juicio justo, o la protección de los consumidores.*

— *Estos riesgos pueden ser resultado de defectos en el diseño general de los sistemas de IA (especialmente en lo que se refiere a la supervisión humana) o del uso de datos que puedan ser sesgados sin una corrección previa (por ejemplo, se entrena un sistema utilizando única o principalmente datos relativos a hombres, y ello se traduce en resultados peores con relación a las mujeres).*

— *La inteligencia artificial puede desempeñar muchas funciones que antes solo podían realizar los humanos. Como resultado, los ciudadanos y las personas jurídicas serán, cada vez más, objeto de acciones y decisiones adoptadas por sistemas de inteligencia artificial o con ayuda de estos; dichas acciones y decisiones, en ocasiones, pueden resultar difíciles de entender o de rebatir eficazmente cuando se requiera. Además, la IA incrementa las posibilidades de hacer un seguimiento y un análisis de las costumbres cotidianas de las personas. Por ejemplo, existe el riesgo potencial de que, incumpliendo las normas de la UE en materia de protección de datos u otras normas, las autoridades estatales y otros organismos recurran a la IA para la vigilancia masiva, o las empresas la utilicen para observar cómo se comportan sus empleados.*

—*Al analizar grandes cantidades de datos y detectar la conexión existente entre ellos, la IA también puede utilizarse para rastrear y desanonimizar datos relativos a personas, y generar así nuevos riesgos en torno a la protección de los datos personales con relación a conjuntos de datos que, en sí mismos, no contienen datos personales.*

—*Los intermediarios de la red también utilizan la IA para ordenar la información para sus usuarios por prioridades y moderarlos contenidos.*

—*El tratamiento de los datos, el modo en el que se diseñan las aplicaciones y la envergadura de la intervención humana, pueden afectar a los derechos de libertad de expresión, protección de los datos personales, privacidad y libertad política*".

Capitulo 7

Futuro: ¿fantasía o realidad ?

Raymond Kursweil, científico estadounidense y director de ingeniería de Google desde 2012, considera que en un tiempo venidero, el ritmo de cambio tecnológico será tan rápido que la vida humana se verá transformada de forma irreversible en sus diferentes aspectos, desde la sexualidad hasta la espiritualidad. Ese tiempo ya estaría aquí. La idea fundamental es que el cambio tecnológico está pasando de un ritmo lineal a otro exponencial. Una de las consecuencias de ese cambio tecnológico exponencial es que sea imaginable una superinteligencia superior a la humana. Esta inteligencia de base no biológica será billones de billones de veces más poderosa que la débil inteligencia humana. Esto que Kurzweil llama "singularidad" se caracterizaría por un mundo que trasciende nuestras raíces biológicas. Nuestra tecnología alcanzará y superará los mejores rasgos humanos. El progreso impulsado por una inteligencia superior a la humana lleva a la creación de unidades a su vez más inteligentes en un espacio temporal más corto. Actualmente ya hay máquinas que se utilizan para fabricar otras máquinas. Todos son ventajas. En esa perspectiva sería una obligación trascender la débil inteligencia humana. Aunque nos genere incredulidad estos pronósticos y escepticismo su base científica, el solo hecho de que se planteen estas hipótesis nos debe hacer reflexionar acerca del mundo que queremos.

La rebelión de las máquinas

La rebelión de las máquinas es un argumento clásico de la ciencia ficción. Máquinas que tienen inteligencia se rebelan contra los seres humanos que las han creado.

El Síndrome de Frankenstein es el miedo a que los ingenios creados por el ser humano para controlar la naturaleza se vuelvan contra él.

Considerada la primera novela de ciencia ficción, *Frankenstein o el moderno Prometeo* de Mary Shelley, publicada en 1818, recoge la osadía humana de querer desvelar el conocimiento de los dioses.

Al principio del relato el protagonista aconseja al ser que ha creado: "*Aprende de mí, si no por mis consejos, al menos por mi ejemplo. Cuán peligrosa es la adquisición de conocimiento y cuánto más feliz es el hombre que acepta su posición en el mundo que aquel que aspira a ser más de lo que su naturaleza le permitirá jamás*".

El final de la obra es muy expresivo: "*Tú eres mi creador, pero yo soy tu señor*", le dice el monstruo a Víctor Frankenstein. Consumada la rebelión.

Cíborg

El diccionario de la Real Academia Española de la Lengua recoge el término "cíborg", que viene del inglés *Cyborg,* que resulta de la contracción de *cybernetic organism,* "organismo cibernético". El diccionario lo define como *ser formado por materia viva y dispositivos electrónicos.*

La finalidad de estas creaturas compuestas por elementos orgánicos y dispositivos tecnológicos es mejorar la parte viviente utilizando dispositivos electrónicos. Las personas con prótesis robótica, marcapasos, o algunos implantes electrónicos para corregir la sordera podríamos estimarlos como cíborg en diferentes grados, ya que tienen la tecnología incrustada en su cuerpo. Usar un marcapasos o una prótesis robótica para devolver la funcionalidad "normal" de un órgano de nuestro cuerpo es una gran ventaja de nuestra época. Ahora bien, también cabe la posibilidad de mejorar sustancialmente las capacidades humanas a través de la tecnología. Aquí podemos pensar en si debería existir algún límite y en dónde debería estar. La incorporación de adelantos tecnológicos al cuerpo humano para equilibrar deficiencias o aumentar capacidades supone un reto de primera magnitud ético y jurídico.

La tecnología ha sido, desde el principio de los tiempos, una compañera inseparable del ser humano en su lucha por la supervivencia: hachas, cuchillos, el arado, la rueda, monturas, útiles de guerra, etc. La lista es interminable. En estos momentos nuestra vida cotidiana está rodeada de un sinnúmero de dispositivos electrónicos que nos acompañan y conforman nuestra manera de relacionarnos con el mundo: pulseras, relojes, tabletas, móviles, portátiles, etc. El escalón siguiente es la integración de avances tecnológicos en nuestro tejido orgánico y ha empezado ya. ¿Estamos dando paso a una evolución del ser humano basada en los avances tecnológicos? ¿El darwinismo y su teoría de la evolución han sido superados?

El primer cíborg reconocido legalmente

Neil Harbissón, de origen anglosajón y criado en España, nació con acromatopsia, una anomalía de la visión que le impide distinguir los colores, puediendo distinguir solamente el blanco y el negro. A fin de solucionar este problema, se adaptó un dispositivo electrónico en forma de antena que va conectado a su cerebro y le permite suplir su déficit en la percepción de los colores.

Es el primer cíborg reconocido legalmente. El proceso no fue fácil. Le denegaron la renovación del pasaporte por llevar la antena en la cabeza. Harbisson presentó innumerables informes médicos para justificar que el uso del dispositivo no era un capricho, al contrario, mejoraba su calidad de vida. Al final las autoridades aceptaron sus razonamientos y pudo renovar el pasaporte. Así fue como se conviertió en el primer cíborg reconocido por un gobierno.

Neil es un activista y defensor de la incorporación de elementos tecnológicos al cuerpo humano: *"Yo me identifico como cíborg porque soy un organismo cibernético. No solo estoy unido a la cibernética biológicamente, sino también psicológicamente. Yo no siento que estoy llevando o usando tecnología; siento que soy tecnología"*.

Esta nueva realidad que está apareciendo tiene su apoyo intelectual en una serie de movimientos, el transhumanismo y el posthumanismo, que pretenden mejorar las capacidades humanas físicas e intelectuales y crear una nueva existencia superando los límites naturales del ser humano implementando tecnología en la materia orgánica. Estas ideas despiertan gran interés, pero también polémica, pues estamos en un momento en el que los avances tecnológicos impactan sobre realidades que parecían intocables hasta hace muy poco.

El pensamiento del posthumanismo y transhumanismo tienen en común que los dos postulan la intervención en lo natural y humano para modificarlo y convertir al ser humano en un organismo que trasciende los límites biológicos y naturales. Una diferencias entre transhumanismo y posthumanismo es que el primero está enfocado prioritariamente en la transformación del cuerpo humano, en trascender los límites biológicos, mientras que el segundo tiene una connotación más amplia que el cuerpo humano, dirigiéndose también a los alimentos (transgénicos), los animales (nuevas especies, experimentación), etc. El caso es que ambos proponen liberarnos de los límites de la naturaleza. La idea no es totalmente nueva, pues reflexionando podemos pensar que los progresos médicos de los últimos decenios han transformado ya a la especie humana. El transhumanismo y posthumanismo sirven de cobertura intelectual a esta nueva realidad que aparece con las nuevas tecnologías. En resumidas cuentas, estas corrientes de pensamiento invitan a usar la tecnología para desacralizar la naturaleza y superarla sin complejos. A efectos prácticos, implica pasar de una medicina terapéutica que cura disfunciones del ser humano a otro tipo de medicina que trata de mejorar y ampliar las capacidades que nos ha dado la naturaleza.

Los primeros bebés manipulados genéticamente

El 25 de noviembre de 2018, el investigador He Jiankui, profesor de la Universidad de Ciencia y Tecnología del Sur de China, anunció en YouTube que dos niñas chinas llamadas Lulu y Nana habían nacido perfectamente sanas mediante un procedimiento de fecundación *in vitro* que incluía modificaciones genéticas. Se utilizó la técnica de edición de genes conocida como CRISPR para mutar un gen y hacer a las pequeñas resistentes contra el virus causante del sida. En el experimento de He, al momento de la fecundación, cuando se unieron el óvulo y el espermatozoide, se agregó una proteína con instrucciones para modificar la información genética del cigoto, tras lo cual estos embriones modificados fueron implantados en el útero de la madre. Los investigadores obtuvieron esperma del padre, infectado con el virus de inmunodeficiencia humana (VIH), y óvulos de la madre, que no está infectada, la fecundación se efectuó en laboratorio.

El profesor Julian Savulescu, director del Centro Uehiro de Ética Práctica de la Universidad de Oxford, aseguró a la agencia Science Media Centre que *"sí es cierto, este experimento es monstruoso. Los embriones estaban sanos, sin enfermedades conocidas. La edición genética en sí misma es experimental y todavía está asociada con etapas tempranas y más tardías de la vida, incluido el desarrollo de cáncer. Este experimento expone a niños normales y sanos a riesgos de la edición genética a cambio de ningún beneficio necesario real"*. Según Savulescu, el experimento contradice décadas de consenso ético y directrices sobre la protección de los participantes humanos en pruebas de investigación.

Las aplicaciones de la edición genética tienen complejas implicaciones técnicas. En el experimento del investigador He Jiankui, se modificó el ADN de los bebés, Lulu y Nana, cuando todavía cada una era un cigoto; es muy posible que los cambios realizados en su ADN sean transmitidos a sus descendientes. Estamos hablando de introducir cambios irrevocables en la especie humana, estos cambios pueden ser realizados voluntariamente o también debido a un error.

Una opción que cada vez se presenta como más viable es emplear la edición genética para fines distintos a los terapéuticos, para mejorar la especie humana: para generar bebés más inteligentes o para elegir sus características como el color de los ojos o la estatura. Posiblemente, más tarde o más temprano, los avances científicos pondrán sobre la mesa las prácticas de biomejoramiento y quizás lo mejor y más práctico sea abordar el debate cuanto antes.

Los cambios que venimos asistiendo, consecuencia del avance de las ciencias y de las nuevas tecnologías no son pocos; vienen muy rápido y tienen gran calado. Podemos pensar que todas las épocas han tenido cambios y que esto es lo habitual en la existencia humana. Sin embargo, sentimos el gran esfuerzo que tenemos que hacer para entender la realidad que estamos viviendo.

Las nuevas tecnologías están abriendo el camino a transformaciones radicales en nuestras vidas. No es solo el *big data*, la inteligencia artificial y el internet de las cosas; actualmente es posible la clonación de seres vivos, hacer alteraciones genéticas o cambiar una célula en el tejido que nos parezca. Frente a esto, debemos preguntarnos cómo vamos a gestionar lo que sabemos y lo que nos queda por saber. El mundo feliz de Huxley o el año 1984 de Orwell ya no es solo ciencia ficción...

El futuro abre al hombre contemporáneo un desconcertante abanico de posibilidades casi ilimitadas, al menos en apariencia. Hablamos de adquirir un poder nuevo sobre ámbitos de nuestra vida que jamás habíamos pensado y que nos inquietan; algo desconocido y misterioso. Las referencias éticas y jurídicas, que podrían servir de contrapoder y referencia son débiles o no existen. No es solo el avance de la ciencia, el problema fundamental es que incluso los propios dilemas éticos y jurídicos apenas están esbozados. Esas nuevas capacidades implican nuevas responsabilidades que debemos asumir y resolver en las sociedades contemporáneas: un gran reto que debemos abordar sin definiciones y directrices éticas claras. Esto se acentúa más en un mundo globalizado donde las investigaciones y aplicaciones se realizan en centros e institutos de estados y territorios con tradiciones culturales y jurídicas muy distintas.

Gattaca: historia de una distopía

Gattaca es una película estadounidense de ciencia ficción del año 1997 escrita y dirigida por Andrew Niccol y protagonizada por Ethan Hawke, Uma Thurman y Jude Law. Producida por Danny DeVito, Michael Shamberg y Stacey Sher, la cinta fue candidata a un Óscar a la mejor dirección artística. Año : 1997

- Duración: 106 min.
- País: Estados Unidos
- Dirección: Andrew Niccol
- Guión: Andrew Niccol
- Música: Michael Nyman
- Fotografía: Slawomir Idziak
- Productora: Jersey Films, Columbia Pictures
- Género: Ciencia ficción. Intriga. Distopía. Película de culto.

Sinopsis: ambientada en una sociedad futura donde la mayoría de los seres humanos son concebidos con técnicas de selección genética, la película cuenta las dificultades de un niño que nace de forma natural y los problemas para hacerse un lugar en un mundo donde es discriminado por la imperfección de su carga genética. Es la historia de una lucha, la del protagonista, para cumplir un sueño. Su carga genética solo le da acceso a trabajos de limpieza en empresas. Mediante fraudes y engaños consigue esquivar los filtros establecidos para eliminar a los candidatos imperfectos genéticamente como él y poder cumplir su sueño de viajar al espacio.

La historia de la película tiene una cierta ligazón con la novela *Un mundo feliz*, de Aldous Huxley. La manipulación genética crea seres humanos válidos e inválidos y se les asigna un trabajo en razón de su carga genética. El protagonista lucha por romper el destino que se le ha preasignado.

Premios de la película:

1997. Nominada al Oscar por la mejor dirección artística.

1997. Nominada al Globo de Oro por la mejor banda sonora original.

1997. Festival de Sitges a la mejor película, mejor banda sonora.

1997. Asociación de Críticos de Chicago nominada a mejor banda sonora.

Las mismas investigaciones, y el uso de las nuevas tecnologías, pueden ser el medio para eliminar enfermedades, discriminaciones y sufrimiento humano; o pueden sentar las bases para insólitas formas de discriminación. Es prioritario que los avances científicos y tecnológicos y el desarrollo del conocimiento en esta nueva época que nos toca vivir, estén enfocados en beneficio de la humanidad y el respeto a la dignidad de los individuos.

La pregunta es: ¿cómo se concreta en la práctica el concepto de dignidad ante esos avances científicos y tecnológicos. ¿Qué es el hombre? ¿Cuál es la identidad humana? Vivimos una realidad material donde existen robots, *big data*, internet de las cosas, inteligencia artificial, semillas transgénicas, cíborgs, clónicos...también siguen existiendo los ángeles, la superstición, la brujería, adivinación y creencias irracionales. Nuestras referencias se han debilitado y tenemos dificultad para distinguir qué es lo humano y lo inhumano; lo natural y lo artificial; la fantasía y la realidad; lo natural y lo sobrenatural. ¿Qué somos en realidad? El cambio de época ha hecho saltar una identidad humana construida durante muchos siglos. El mundo conocido ha quedado antiguo y el nuevo aún no se ha configurado. Esta es la época que nos toca vivir.

La implicación para intentar conseguir respuestas a los interrogantes que se plantean es una tarea de todos; todos los que queremos tener conciencia y criterios para no ser manipulados por otros, por esos oscuros poderes que mandan y que, si nos atenemos a la historia, no son los más interesados en la dignidad y el respeto por los seres humanos. Todos debemos estar implicados y tomar postura frente a las nuevas posibilidades que ofrecen las nuevas tecnologías y la ciencia. Hemos de estar implicados en la felicidad de los seres humanos en un sentido distinto al de la propuesta de Huxley.

Glosario

Algoritmo. Conjunto ordenado y finito de operaciones que permite hallar la solución de un problema.

Algoritmo predictivo. Modelo matemático que define el comportamiento de una variable en función de otras variables.

Algoritmo prescriptivo. Modelo matemático que define lo que debería suceder de todas las opciones disponibles, buscando el resultado más óptimo.

Bots. Programa informático que realiza automáticamente tareas repetitivas a través de internet. (Aféresis de Robot).

Chatbots. Programa informático que simula tener una conversación con una persona facilitando respuestas a las entradas realizadas por la persona.

Cyborg. Resulta de la contracción de *"cybernetic organism"*, u *"organismo cibernético"*. El diccionario lo define como "ser formado por materia viva y dispositivos electrónicos".

Data mining. Minería de datos o exploración de datos que intenta establecer patrones en grandes volúmenes de conjuntos de datos.

Datocracia. Término que hace referencia al uso de los datos para ejercer la vigilancia y control de la sociedad.

DDoS. Ataque de denegación de servicio consiste en el envío masivo de peticiones a un servidor en red con el objetivo de conseguir que se sature y no atienda las peticiones que recibe, de manera que la *web* o el servicio deje de funcionar. Cuando estas peticiones se efectúan desde diversos sitios, diremos que es un ataque de denegación de servicio distribuido.

Decisiones automatizadas. Decisiones adoptadas sin intervención humana.

Digitalización. Registrar datos en forma digital o convertir o codificar en números dígitos datos o informaciones de carácter continuo.

Dispositivos *wearables*. Aparatos o dispositivos electrónicos que el usuario lleva encima y que interactúan con él y con otros dispositivos.

Distopía. Representación ficticia de una sociedad futura de características negativas causantes de la alienación humana (RAE).

Domótica. Sistema que automatiza una vivienda o un edificio.

Elaboración de perfiles. Tratamiento de datos personales de una persona con la finalidad de valorar determinados aspectos de esta.

Ética. Conjunto de normas morales que rigen la conducta de la persona en cualquier ámbito de la vida.

IA. El término "inteligencia artificial" (IA) se aplica a los sistemas que manifiestan un comportamiento inteligente, pues son capaces de analizar su entorno y pasar a la acción (con cierto grado de autonomía) con el fin de alcanzar objetivos específicos.

Inferencia. Proceso que permite obtener conclusiones a partir de premisas.

Internet de las cosas. Hace referencia a la conexión a internet de objetos cotidianos.

Machine Learning. Referido a la capacidad de una máquina o *software* para aprender.

OCDE. Organización para la Cooperación y Desarrollo Económico.

OMS. Organización Mundial de la Salud.

Panóptica. Arquitectura carcelaria ideada por el filósofo utilitarista Jeremy Bentham hacia fines del siglo XVIII.

Posthumanismo. Pensamiento que postula el trascender el cuerpo humano y superar los límites biológicos. Trata de hacerlo también con los alimentos (transgénicos) y los animales (nuevas especies, experimentación, etc).

Responsable del tratamiento. Responsable del tratamiento es la persona física o jurídica, autoridad pública, servicio u otro organismo que, solo o junto con otros, determina los fines y medios del tratamiento.

Revolución 4.0. Hace referencia a una cuarta etapa de la evolución técnico-económica de la humanidad.

RGPD. Reglamento (UE) 2016/679 del Parlamento Europeo y del Consejo, de 27 de abril de 2016, relativo a la protección de las personas físicas en lo que respecta al tratamiento de datos personales y a la libre circulación de estos datos.

RR.SS.: Redes sociales.

Síndrome Frankenstein. Referido al temor de que las fuerzas empleadas para controlar la naturaleza por el ser humano se vuelvan contra él.

Smart Cities. Ciudades que, mediante el uso de la tecnología, proporcionan a los ciudadanos servicios, facilitan la movilidad, mejoran los servicios sociales, son sostenibles e interactúan con los ciudadanos.

Social Big Data. Referido al análisis de la información que se produce en redes sociales.

SW. *Software* o soporte lógico de un soporte informático que hace posible la realización de tareas concretas.

Target. Nicho de mercado al que va dirigido un producto o servicio.

Tratamiento automatizado. Operación o conjunto de operaciones realizadas sobre datos de manera automatizada.

Tecnociencia. Desarrollo de conocimiento científico basado especialmente en instrumentos tecnológicos.

Transformación digital. Hace referencia a los cambios sufridos en la sociedad motivados por la aplicación de la tecnología.

Transhumanistas. Se refiere a la corriente intelectual que considera un deber moral intentar trascender la imperfecta especie humana para crear seres perfectos mediante la aplicación de la tecnología disponible capaz de mejorar las capacidades del hombre.

Bibliografía

Bostrom, Nick. *Superinteligencia.* TEELL Editorial, 2016.

Byung-Chul Han. *La emergencia viral y el mundo de mañana.* El País, 22 de marzo de 2020.

Cinelli, Virginia. *Prevención del crimen y predicción de delitos: ¿en qué punto está España?* Real Instituto Elcano, 26 de junio 2019. (blog.realinstitutoelcano.org/prevencion-del-crimen-y-prediccion-de-delitos-en-que-punto-esta-espana/)

Colmenarejo Fernández, Rosa. *Una Ética para el Big Data.* Editorial UOC, 2017.

Comisión Europea. *Libro Blanco sobre la inteligencia artificial, un enfoque europeo orientado a la excelencia y la confianza.* Bruselas, 19.2.2020 COM(2020) 65 final.

Cortina, Adela. *Ética de la inteligencia artificial desde Europa.* El País, 6 de junio de 2019.

Dictamen del Comité Económico y Social Europeo sobre *"confianza, privacidad y seguridad de los consumidores y las empresas en el internet de las cosas";* (2018/C 440/(02).

Dieguez, Antonio. *Transhumanismo.* Herder, 2017.

Ferry, Luc. *La Revolución Transhumanista.* Alianza Editorial, 2017.

Foe, Daniel. *Diario del año de la peste*. Alba Editorial, 2020.

Foucault, Michel. *Vigilar y Castigar*. Siglo XXI Editores, 2009.

Gerd, Leonard. *Tecnología versus Humanidad*. The Futures Agency, 2018.

Kurzweil, Ray. *La singularidad está cerca*. Lolabooks, 2012

Latorre Sentis, José Ignacio. *Ética para Máquinas*. Ariel, 2019.

O'neil, Cathy. *Armas de Destrucción Matemática*. Capitán Swing Libros, 2017.

Opinion 7/2015 *Meeting the challenges of big data A call for transparency, user control, data protection by design and accountability* (Supervisor Europeo de Protección de Datos).

Peirano, Marta. *El enemigo conoce el sistema*. Debate, 2019.

Recomendación del Consejo sobre Inteligencia Artificial (OCDE 22/05/2019)

Rios Insua, David. *Big Data: Conceptos, tecnologías, aplicaciones*. Los libros de La Catarata, 2019.

Rios Insua, David y Gomez-Ullate Oteiza, David. *Big data*. CSIC,2019.

Romero, Pablo. *Inteligencia artificial para hacer el bien*. Público, 18 de septiembre de 2019.

Shelley, Mary. *Frankenstein o el moderno Prometeo*. Austral digital.

Stephens-Davidowitz, Seth. *Todo el mundo miente*, 2019.

Unión Europea. Comité Europeo de Protección de Datos (CEPD). *Dictámenes, opiniones y decisiones vinculantes.* https://edpb.europa.eu/news/national-news/2020/ spanish-data-protection-authority-aepd-imposes- fine-company-not-complying_es

Vatican News. *Vaticano: Humanizar la técnica y no tecnologizar lo humano"* 25 febrero 2020.

Nuestras colecciones

Guías para todos aquellos que deseen ampliar sus conocimientos sobre asuntos específicos, grandes personajes, épocas, culturas, religiones, etc., ofreciendo al lector una amplia y rica visión de cada una de las temáticas, accesibles a todos los lectores.

Guías para gestionar con éxito un negocio, vender un producto, servicio o causa o emprender. Pautas para dirigir un equipo de trabajo, crear una campaña de marketing o ejercer un estilo adecuado de liderazgo, etc.

Guías para optimizar la tecnología, aprender a escribir un blog de calidad, sacarle el máximo partido a tu móvil. Orientaciones para un buen posicionamiento SEO, para cautivar desde Facebook, Twitter, Instagram, etc.

Guías para crecer. Cómo crear un blog de calidad, conseguir un ascenso o desarrollar tus habilidades de comunicación. Herramientas para mantenerte motivado, enseñarte a decir NO o descubrirte las claves del éxito, etc.

Guías prácticas dirigidas a la salud y el bienestar. Cómo gestionar mejor tu tiempo, aprenderás a desconectar o adelgazar comiendo en la oficina. Estrategias para mantenerte joven, ofrecer tu mejor imagen y preservar tu salud física y mental, etc.

Guías prácticas para la vida doméstica. Consejos para evitar el cyberbulling, crear un huerto urbano o gestionar tus emociones. Orientaciones para decorar reciclando, cocinar para eventos o mantener entretenido a tu hijo, etc.

Guías prácticas dirigidas a todas aquellas actividades que no son trabajo ni tareas domésticas esenciales. Juegos, viajes, en definitiva, hobbies que nos hacen disfrutar de nuestro tiempo libre.

Guías para aprender o perfeccionar nuestra técnica en deportes o actividades físicas escritas por los mejores profesionales de la forma más instructiva y sencilla posible,

Autores para la formación

Editatum y GuíaBurros te acercan a tus autores favoritos para ofrecerte el servicio de formación GuíaBurros.

Charlas, conferencias y cursos muy prácticos para eventos y formaciones de tu organización.

Autores de referencia, con buena capacidad de comunicación, sentido del humor y destreza para sorprender al auditorio con prácticos análisis, consejos y enfoques que saben imprimir en cada una de sus ponencias.

Conferencias, charlas y cursos que representan un entretenido proceso de aprendizaje vinculado a las más variadas temáticas y disciplinas, destinadas a satisfacer cualquier inquietud por aprender.

Consulta nuestra amplia propuesta en www.editatumconferencias.com y organiza eventos de interés para tus asistentes con los mejores profesionales de cada materia.